LA GUÍA ESENCIAL PARA PRINCIPIANTES EN IA

UN DESGLOSE DE LA INTELIGENCIA ARTIFICIAL Y EL APRENDIZAJE AUTOMÁTICO PARA ELEVAR TU CARRERA Y SIMPLIFICAR LA VIDA COTIDIANA

SAMUEL THORPE

CONTENTS

INTRODUCTION

En un mundo en el que la Inteligencia Artificial (IA) afecta a casi todos los aspectos de nuestras vidas -desde los teléfonos inteligentes que llevamos en la mano hasta las sofisticadas herramientas de diagnóstico de los hospitales y las tecnologías emergentes que prometen remodelar nuestros entornos de trabajo-, es esencial comprender esta fuerza transformadora. La IA está en todas partes, sutilmente integrada en nuestras rutinas diarias, mejorando experiencias y resolviendo problemas complejos, pero su funcionamiento sigue siendo un misterio para muchos. Puede que no te des cuenta, pero es probable que la IA tenga algo que ver con la forma en que llegaste a este libro.

Como autor profundamente fascinado por el potencial de la IA, me he dedicado a desglosar conceptos complejos de IA y Aprendizaje Automático (AM) en narraciones comprensibles y atractivas. Este libro se ha elaborado especialmente para ti, un principiante sin exposición previa a la jerga técnica, garantizando que te sientas bienvenido al mundo de la IA. Mi objetivo es sencillo: capacitarte para elevar tu carrera y simplificar tu vida liberando el potencial de la IA.

Este libro adopta un enfoque único, paso a paso, para desentrañar la IA y el ML. Empezaremos por lo más básico, para ir construyendo gradualmente conceptos más complejos, siempre vinculados a aplicaciones del mundo real. Desde navegar por las aguas de la ética hasta abordar proyectos prácticos, esta guía garantiza que no sólo aprendas, sino que también apliques los conocimientos aprendidos. Prometo que nuestro viaje será ameno e instructivo: piensa en mí como en un amigo que está tan entusiasmado con la IA como tú lo estarás pronto.

Exploraremos una variedad de temas: la comprensión de los elementos fundamentales de la IA, cómo la IA está mejorando diversas industrias, las consideraciones éticas que acompañan a los avances tecnológicos y un vistazo al futuro de la IA. Cada capítulo está diseñado para basarse en el anterior, garantizando que adquieras una comprensión holística de lo que la IA puede hacer y cómo se hace.

Aclaremos también algunos mitos comunes sobre la IA. A pesar de las dramáticas representaciones en películas y libros, la IA no consiste en que los robots se apoderen del mundo. Tampoco es una solución mágica a todos los problemas. Este libro te ayudará a separar la realidad de la ficción, proporcionándote una visión equilibrada de las capacidades y limitaciones de la IA.

Te invito a sumergirte en este libro con la mente abierta y el corazón curioso. Comprométete con el contenido, reflexiona sobre los ejercicios y no dudes en preguntar y explorar más. El camino hacia la alfabetización en IA no consiste sólo en leer; consiste en interactuar, pensar críticamente y aplicar creativamente las ideas a tu vida.

Juntos, desmitifiquemos la IA y descubramos cómo esta poderosa herramienta puede potenciar nuestra creatividad, resolver retos de enormes proporciones y mejorar significativamente nuestra vida cotidiana. ¿Listo para empezar? Empecemos este apasionante viaje al mundo de la Inteligencia Artificial, un viaje que promete no sólo informar, sino también transformar.

1

COMPRENDER LOS
FUNDAMENTOS DE LA IA

¿Alguna vez has preguntado a tu teléfono por la previsión meteorológica o has utilizado un servicio de streaming que te sugiere películas basándose en tus visionados anteriores? Si es así, has interactuado con la inteligencia artificial, probablemente sin siquiera pensar en ella como IA. Este capítulo es tu puerta de entrada para comprender qué es realmente la IA, cómo ha evolucionado a lo largo de los años y cómo se integra perfectamente en nuestra vida cotidiana, a menudo sin dejar rastro de visibilidad. Comenzaremos desmenuzando la IA hasta su núcleo, asegurándonos de que comprendes los conceptos fundamentales antes de pasar a sus diversas aplicaciones e implicaciones.

1.1 ¿QUÉ ES LA IA? - DESENTRAÑANDO LO BÁSICO PARA PRINCIPIANTES ABSOLUTOS

Cuando hablamos de inteligencia artificial, nos referimos a una amplia área de la informática que se centra en construir máquinas inteligentes capaces de realizar tareas que normalmente requieren inteligencia humana. Estas tareas pueden ir desde reconocer el habla, tomar decisiones basadas en datos, traducir idiomas y mucho más. La IA consiste esencialmente en crear algoritmos: un conjunto de reglas o instrucciones que se dan a un ordenador para ayudarle a aprender por sí mismo. Esta capacidad de imitar la inteligencia humana y mejorar con el tiempo mediante el aprendizaje y la corrección de datos es lo que hace que la IA sea fascinante e increíblemente poderosa.

El viaje de la IA comenzó mucho antes de lo que mucha gente cree, ya que sus raíces se remontan a mediados del siglo XX. Uno de los momentos cruciales en la historia de la IA fue el desarrollo de la Prueba de Turing por Alan Turing en 1950. Esta prueba se diseñó para comprobar si la capacidad de una máquina para mostrar un comportamiento inteligente es indistinguible de la de un ser humano, estableciendo una definición fundacional de lo que significa que las máquinas "piensen". Otro hito significativo fue la aparición de las redes neuronales en la década de 1980, que son sistemas modelados vagamente a partir del cerebro humano y son capaces de aprender a partir de datos observacionales. Comprender estos hitos nos ayuda a apreciar cómo la IA ha pasado de ser un concepto teórico a una tecnología transformadora que repercute en diversos sectores de la sociedad actual.

A pesar de su uso generalizado, a menudo se malinterpreta la IA. Mucha gente confunde la IA con la robótica, pensando que son lo mismo. Aunque pueden estar interconectadas -la IA puede dar energía a los robots-, son campos distintos. La robótica consiste en construir robots, que son hardware con capacidad para realizar tareas, mientras que la IA implica crear software que pueda realizar tareas que requieren inteligencia humana. Aclarar estas diferencias es crucial para cualquiera que comience su viaje de aprendizaje de la IA.

Para ver la IA en acción, no busques más allá de tu smartphone. Los asistentes virtuales como Siri y Alexa funcionan con IA y están diseñados para responder a tus órdenes de voz y ayudarte a gestionar tus tareas diarias. Otro ejemplo cotidiano de IA son los algoritmos de recomendación utilizados por servicios como Netflix y Amazon, que analizan tu comportamiento anterior para sugerirte lo que podría gustarte a continuación. Estos ejemplos ilustran no sólo la prevalencia de la IA en nuestra vida cotidiana, sino también su papel en la mejora de nuestras experiencias e interacciones de maneras que son a la vez sutiles y significativas.

Elemento interactivo: Pon a prueba tu comprensión de los fundamentos de la IA con este rápido cuestionario. Responde a las siguientes preguntas para ver hasta qué punto has comprendido los conceptos:

1. ¿Qué es lo que la IA se ocupa principalmente de crear?
2. Nombra el test desarrollado por Alan Turing.
3. ¿Cuál es la diferencia entre IA y robótica?
4. ¿Puedes nombrar dos aplicaciones cotidianas de la IA?

Este cuestionario te ayudará a reforzar tu aprendizaje y a asegurarte de que tienes un sólido conocimiento de los fundamentos de la IA antes de pasar a temas más complejos.

1.2 APRENDIZAJE AUTOMÁTICO SIMPLIFICADO: CÓMO APRENDEN LOS ORDENADORES A PARTIR DE LOS DATOS

Imagina que pudieras enseñar a tu ordenador a ordenar tus correos electrónicos, clasificándolos en "urgentes", "importantes" y "pueden esperar". O mejor aún, imagina un escenario en el que tu ordenador aprendiera tus preferencias con el tiempo y empezara a organizar tu agenda, sugiriéndote cuándo deberías tomarte un descanso o abordar tareas de alta prioridad. Esto no es sólo una ilusión; es una aplicación práctica en de un subconjunto de la IA conocido como aprendizaje automático. El aprendizaje automático (AM) se basa en la idea de que los sistemas pueden aprender de los datos, identificar patrones y tomar decisiones con una intervención humana mínima. Es como enseñar a tu ordenador a pensar y tomar decisiones basándose en experiencias pasadas, sólo que estas "experiencias" son datos que ha analizado a lo largo del tiempo.

El aprendizaje automático se percibe a menudo como algo complejo, pero se reduce a tres tipos principales: aprendizaje supervisado, aprendizaje no programado y aprendizaje por refuerzo. Cada tipo tiene su propio enfoque y aplicación, lo que hace del ML una herramienta versátil en diversos sectores. En el aprendizaje supervisado, la máquina aprende a partir de un conjunto de datos que tiene entradas emparejadas con las salidas correctas. Es similar a un escenario profesor-alumno en el que el profesor (tú) proporciona al alumno (la máquina) preguntas de ejemplo y las respuestas correctas para que el alumno pueda aprender y más tarde predecir las respuestas por sí mismo. Por ejemplo, el filtrado de correo electrónico, en el que el sistema aprende a marcar los correos como "spam" o "no spam" basándose en el entrenamiento con numerosos ejemplos etiquetados.

Por otra parte, el aprendizaje no supervisado implica datos que no tienen etiquetas históricas. No se le dice al sistema la "respuesta correcta". El algoritmo debe averiguar qué se le muestra. El objetivo es explorar los datos y encontrar alguna estructura en ellos. Es como poner a un niño en una habitación llena de juguetes clasificados por colores sin que conozca el concepto de color. Poco a poco aprenden a categorizar los juguetes notando las diferencias y similitudes, lo que es clave en la segmentación del mercado, donde las empresas identifican diferentes segmentos de clientes para un marketing dirigido.

El aprendizaje por refuerzo es un poco diferente. El algoritmo aprende a realizar una acción a partir de la experiencia, tomando determinadas decisiones y recibiendo recompensas en escenarios en los que se da una retroalimentación clara. Piénsalo como entrenar a un perro para que vaya a buscar la comida; el perro experimenta con distintos comportamientos y aprende de las consecuencias, como recibir una recompensa si consigue ir a buscar la comida.

El proceso de aprendizaje automático no consiste sólo en introducir datos en un algoritmo. Comienza con la recopilación de datos relevantes, que es crucial, ya que la calidad y la cantidad de los datos influyen directamente en lo bien que puede aprender un modelo de aprendizaje automático. Una vez recopilados los datos, se dividen en conjuntos de datos de entrenamiento y de prueba. Los datos de entrenamiento se utilizan para enseñar al modelo, mientras que los datos de prueba se utilizan para evaluar su precisión. El modelo aprende ajustando sus parámetros cada vez que comete un error, mejorando sus predicciones con el tiempo. Tras el entrenamiento, se evalúa el rendimiento del modelo y, si los resultados son satisfactorios, puede desplegarse en aplicaciones del mundo real, aprendiendo y adaptándose continuamente a los nuevos datos que encuentre.

El impacto del aprendizaje automático en diversos sectores es profundo. En sanidad, los modelos de ML predicen los diagnósticos de los pacientes basándose en los síntomas y el historial médico, mejorando la precisión del tratamiento y los resultados de los pacientes. En finanzas, se utiliza para la puntuación crediticia, evaluando el riesgo de impago de préstamos basándose en datos de transacciones pasadas, lo que ayuda a tomar decisiones de préstamo informadas. Cada aplicación del ML no sólo ejemplifica su utilidad, sino que también pone de relieve cómo se está convirtiendo en una herramienta indispensable en los procesos modernos de resolución de problemas y toma de decisiones.

A medida que exploramos más sobre el aprendizaje automático, recuerda que, en esencia, el aprendizaje automático consiste en capacitar a los ordenadores para que tomen decisiones y hagan predicciones, imitando la inteligencia humana, pero a una escala y velocidad transformadoras. Ya sea racionalizando operaciones, personalizando experiencias o prediciendo tendencias futuras, el aprendizaje automático se erige como pilar de las aplicaciones modernas de IA, impulsando innovaciones que parecían ciencia ficción no hace mucho tiempo.

1.3 EL APRENDIZAJE PROFUNDO DESMITIFICADO: COMPRENDER LAS REDES NEURONALES

Si alguna vez te has maravillado de cómo tu smartphone puede reconocer tu cara o de cómo los asistentes virtuales parecen entender tus peticiones, has sido testigo del poder del aprendizaje profundo en acción. El aprendizaje profundo (Deep Learning en inglés), un subconjunto del aprendizaje automático, emplea algoritmos inspirados en la estructura y función del cerebro humano, conocidos como redes neuronales. Estas redes reconocen patrones y establecen conexiones que escapan incluso a los humanos más observadores. Vamos a explicar cómo funcionan estas redes neuronales y por qué son tan eficaces para tareas que implican grandes cantidades de datos complejos.

En esencia, una red neuronal está formada por capas de nodos, o "neuronas", cada una de ellas diseñada para reconocer distintas piezas de un complejo puzzle. Imagínatelo algo así como el funcionamiento de tu cerebro durante una conversación. Una parte de tu cerebro interpreta las palabras, otra procesa el tono de voz y otra predice las siguientes palabras. Del mismo modo, en una red neuronal, la primera capa -la capa de entrada- recibe los datos brutos, que pueden ser cualquier cosa, desde los píxeles de una imagen hasta las palabras de una frase. A continuación, estos datos pasan por una o varias capas ocultas, donde se realiza el trabajo pesado. Los nodos de cada capa oculta se centran en reconocer diversos aspectos de los datos, refinando progresivamente las percepciones a medida que los datos se adentran en la red. Por último, la capa de salida ofrece una respuesta o decisión coherente basada en el análisis realizado por las capas ocultas.

Esta arquitectura permite a las redes neuronales manejar e interpretar conjuntos de datos vastos y complejos con mucha más eficacia que los modelos tradicionales de aprendizaje automático, que suelen requerir la selección manual de características y se limitan a tareas más sencillas. El aprendizaje profundo automatiza la extracción de características, por lo que es capaz de manejar datos no estructurados como imágenes, sonido y texto con mayor eficacia. Esta capacidad es la razón por la que el aprendizaje profundo se ha convertido en la columna vertebral de muchas aplicaciones sofisticadas de IA, desde los sistemas automáticos de reconocimiento del habla que transcriben tus mensajes de voz hasta los complejos sistemas de reconocimiento de imágenes que lo potencian todo, desde los diagnósticos médicos hasta los vehículos autónomos.

Las aplicaciones del aprendizaje profundo son tan impresionantes como variadas. En el ámbito de la sanidad, los modelos de aprendizaje profundo procesan y analizan miles de imágenes médicas para identificar patrones que podrían escapar a los ojos humanos, como los primeros signos de enfermedades como el cáncer. En la industria del automóvil, el aprendizaje profundo impulsa los sistemas avanzados de visión por ordenador utilizados en los vehículos autónomos para interpretar imágenes en directo de múltiples cámaras y sensores, lo que permite al coche tomar decisiones en fracciones de segundo mientras circula por las carreteras. Otra aplicación cotidiana son los algoritmos de personalización utilizados por servicios como YouTube o Spotify, que analizan tu historial de visionado o escucha para recomendarte nuevos contenidos adaptados específicamente a tus gustos.

Cada una de estas aplicaciones se basa en la capacidad del aprendizaje profundo de examinar conjuntos de datos masivos para identificar patrones y hacer predicciones o tomar decisiones con conocimiento de causa, mostrando su poder transformador en diversos sectores. Ya se trate de mejorar la precisión de los diagnósticos predictivos en medicina, de mejorar la seguridad en el transporte autónomo o simplemente de hacer más agradable tu lista de reproducción, el aprendizaje profundo sigue ampliando los límites de lo que las máquinas pueden aprender y conseguir. A medida que seguimos generando más datos y necesitamos más automatización, el papel del aprendizaje profundo en nuestras vidas está llamado a crecer, convirtiéndolo en un área apasionante de la IA, no sólo para aprender, sino para observar cómo evoluciona y da nueva forma a nuestro mundo.

1.4 DIFERENCIAS CLAVE ENTRE IA, APRENDIZAJE AUTOMÁTICO Y APRENDIZAJE PROFUNDO

Navegar por el panorama de la IA, el aprendizaje automático (ML) y el aprendizaje profundo (DL) puede parecer inicialmente como descifrar un complejo árbol genealógico. Cada una de estas tecnologías se basa en la anterior, formando una jerarquía que es crucial para comprender sus contribuciones individuales a nuestro mundo digital. En el nivel más amplio, la inteligencia artificial abarca cualquier técnica que permita a las máquinas imitar el comportamiento humano. El aprendizaje automático, anidado dentro de la IA, se refiere específicamente a los algoritmos que permiten a las aplicaciones de software ser más precisas en la predic-ción de resultados sin ser programadas explícitamente. El apren-dizaje profundo, otro subconjunto del aprendizaje automático, implica capas de redes neuronales que aprenden y toman decisiones inteligentes por sí solas.

Visualicemos esta relación mediante una sencilla analogía. Piensa en la IA como el árbol entero, el ML como una de sus ramas principales, y el DL como una rama que brota del ML. Este árbol crece en un jardín llamado tecnología, donde cada segmento, desde la raíz hasta la hoja más pequeña, desempeña un papel crucial en el ecosistema. Al igual que una rama depende del tronco y las raíces para nutrirse, el aprendizaje profundo también depende más ampliamente de los marcos y principios del aprendizaje automático y la IA.

Las capacidades de cada tecnología varían significativamente. La IA puede programarse para realizar una amplia gama de tareas, como comprender el habla humana, competir en juegos estratégicos como el ajedrez o manejar coches de forma autónoma. El aprendizaje automático se centra en analizar datos y hacer predicciones o tomar decisiones basadas en esos datos, como sugerirte qué película podrías ver a continuación en Netflix o detectar transacciones fraudulentas. El aprendizaje profundo profundiza aún más, gestionando tareas muy específicas de mayor complejidad, como traducir idiomas en tiempo real o identificar objetos en un vídeo.

Al considerar el desarrollo y la implantación de estas tecnologías, la complejidad y los requisitos aumentan desde la IA hasta el aprendizaje profundo. Implementar un algoritmo básico de IA puede requerir menos datos y potencia de cálculo que un sistema de aprendizaje automático, que necesita vastos conjuntos de datos para entrenarse y más potencia de procesamiento para analizar estos datos y aprender de ellos. El aprendizaje profundo, en comparación, exige aún más, y a menudo requiere GPU de gama alta y cantidades significativas de datos etiquetados para entrenarse con eficacia. Por ejemplo, entrenar un modelo de aprendizaje profundo para reconocer y diferenciar entre varios tipos de animales en fotos implica alimentar la red neuronal con miles, si no millones, de imágenes etiquetadas, lo que requiere muchos recursos y tiempo.

De cara al futuro, el potencial y las tendencias de estas tecnologías siguen evolucionando a un ritmo sin precedentes. La IA está llamada a hacerse más omnipresente, con un número cada vez mayor de sistemas automatizados e inteligentes integrados en aplicaciones tanto industriales como de consumo. Los modelos de aprendizaje automático serán más eficientes y accesibles, pudiendo funcionar en dispositivos más pequeños como los teléfonos inteligentes, lo que hará que la tecnología sea más inteligente e interactiva. El aprendizaje profundo podría revolucionar campos como la sanidad, proporcionando diagnósticos más precisos y planes de tratamiento personalizados, gracias a su capacidad para analizar y aprender de datos médicos complejos.

A medida que estas tecnologías se desarrollen, no sólo se integrarán más en nuestra vida cotidiana, sino que también crearán nuevos paradigmas sobre cómo interactuamos con el mundo digital. El crecimiento de la IA, el aprendizaje automático y el aprendizaje profundo representa no sólo una evolución tecnológica, sino un cambio significativo en la forma en que aprovechamos el poder computacional para mejorar la toma de decisiones y la creatividad humanas. Esta transformación en curso promete desbloquear nuevas posibilidades que actualmente están más allá de nuestra imaginación, remodelando las industrias y quizás incluso el tejido mismo de la sociedad en las próximas décadas.

1.5 LA IA COTIDIANA: RECONOCER LA IA EN LA VIDA DIARIA

A medida que avanzas en tu día a día, desde el momento en que preguntas a tu altavoz inteligente por la previsión meteorológica hasta cuando utilizas tu teléfono para orientarte en el tráfico, la inteligencia artificial está orquestando sutilmente muchas de tus actividades cotidianas. Es fascinante lo integrada que ha llegado a estar la IA en nuestras vidas, que a menudo funciona silenciosamente en segundo plano, mejorando nuestras rutinas y decisiones con un nivel de comodidad y personalización que antes era material de ciencia ficción. Exploremos cómo la IA nos rodea de forma sutil pero significativa y comprendamos los mecanismos que hay detrás de estas interacciones que hacen tu vida más fácil y conectada.

Una de las formas más ubicuas en que se presenta la IA es a través de aplicaciones de navegación como Google Maps o Waze. Estas aplicaciones utilizan una forma compleja de IA para analizar grandes cantidades de datos de diversas fuentes en tiempo real y sugerir las rutas más rápidas para llegar a tu destino. La IA tiene en cuenta las condiciones actuales del tráfico, las obras en las carreteras e incluso datos históricos sobre la velocidad de las rutas a distintas horas del día. Cuando introduces tu destino, la IA calcula rápidamente la ruta óptima del punto A al B, teniendo en cuenta todas estas variables. Es un proceso fluido que muchos de nosotros damos por sentado, pero se trata de una sofisticada aplicación de IA que influye significativamente en nuestra eficiencia diaria y en la gestión de nuestros horarios. Del mismo modo, las plataformas de redes sociales utilizan la IA para adaptar tu feed en función de tus interacciones. Las publicaciones y anuncios que ves no son aleatorios, sino que están cuidadosamente seleccionados por algoritmos que aprenden de tus "me gusta", "compartir" y el tiempo que pasas en las distintas publicaciones. Esta personalización no sólo hace que tu experiencia en las redes sociales sea más atractiva, sino que también ayuda a las plataformas a maximizar tu tiempo en su aplicación, mostrando cómo las estrategias de IA pueden servir tanto a las preferencias del usuario como a los objetivos empresariales.

Las ventajas de la IA en la vida cotidiana van más allá de la mera comodidad. La personalización es una ventaja significativa, como se ve en la forma en que las experiencias de compra online se adaptan a las preferencias individuales. Los sistemas de IA analizan tu historial de navegación y compras para recomendarte productos que es más probable que compres. En los hogares inteligentes, la IA optimiza el uso de la energía aprendiendo tus pautas de vida y ajustando en consecuencia los sistemas de iluminación, calefacción y refrigeración, mejorando el confort y reduciendo el consumo y los costes de energía. Estos ejemplos ilustran el papel de la IA en la mejora de la eficiencia de nuestras actividades cotidianas y en la personalización de las experiencias de forma beneficiosa tanto económica como medioambientalmente.

Sin embargo, el uso generalizado de la IA también plantea consideraciones éticas que no debemos pasar por alto. A medida que las tecnologías de IA recopilan y analizan grandes cantidades de datos personales para tomar decisiones, las cuestiones sobre la privacidad, el consentimiento y la seguridad de los datos pasan a primer plano. Es crucial considerar cómo se utilizan estos datos, quién tiene acceso a ellos y cómo las decisiones tomadas por los algoritmos de IA pueden afectar a las personas y a las comunidades. Aunque estos temas se explorarán más a fondo en capítulos posteriores, es importante empezar a pensar en las dimensiones éticas de las aplicaciones cotidianas de la IA. Por ejemplo, cuando una aplicación de navegación sugiere una ruta, se basa en la agregación de datos de innumerables usuarios. Aunque beneficioso, este proceso plantea cuestiones sobre la vigilancia y la privacidad de los datos que, como sociedad, debemos abordar.

Mientras seguimos navegando por un mundo cada vez más integrado en la IA, reconocer y comprender estas interacciones impulsadas por la IA puede capacitarnos para tomar decisiones más informadas sobre las tecnologías que utilizamos a diario. Ya se trate de elegir qué aplicación descargar, establecer la configuración de privacidad en las redes sociales o incluso decidir cómo interactuar con la IA en nuestros hogares, tener una comprensión básica de cómo funciona la IA y sus implicaciones nos ayuda a mantener el control en una era digital en la que la IA está en todas partes. Este conocimiento no sólo mejora nuestra capacidad de aprovechar la tecnología para mejorar nuestras vidas, sino que también garantiza que conozcamos y podamos defender las prácticas éticas en el desarrollo y despliegue de la IA. A medida que la IA sigue evolucionando y se entrelaza cada vez más con nuestras rutinas diarias, mantenerse informado y comprometido con su funcionamiento e impacto en nuestras vidas es más importante que nunca.

1.6 TERMINOLOGÍA DE LA IA FÁCIL DE ENTENDER: GLOSARIO PARA PRINCIPIANTES

Navegar por el mundo de la Inteligencia Artificial (IA) puede parecer a veces como aprender un nuevo idioma. Para ayudarte a desenvolverte con soltura, vamos a desglosar algunos de los términos esenciales de la IA que encontrarás a lo largo de este libro y en la comunidad de la IA en general. Comprender estos términos no consiste sólo en ampliar tu vocabulario, sino en construir una base sólida que te permita abordar los conceptos de la IA con más confianza y comunicar tus ideas con mayor eficacia.

En primer lugar, hablemos de algoritmos. Un algoritmo en IA es como una receta en un libro de cocina. Es un conjunto de instrucciones o reglas diseñadas para realizar una tarea específica. Cuando oyes hablar de que la IA aprende o toma decisiones, lo que ocurre en realidad es que un algoritmo está procesando datos y siguiendo reglas predefinidas para realizar esa tarea. Por ejemplo, un algoritmo en tu servicio de correo electrónico ayuda a filtrar el spam reconociendo patrones en los mensajes que marcas como spam y aplicando estas reglas a los correos entrantes para predecir si son spam o no.

A continuación, nos encontramos con el término conjunto de datos. Se trata simplemente de una colección de datos. En la IA, los conjuntos de datos se utilizan para entrenar modelos. Puedes considerarlo como la materia prima que introduces en tu sistema de IA; la calidad y cantidad de estos datos puede influir significativamente en el rendimiento de tu sistema de IA. Por ejemplo, un conjunto de datos para un sistema de reconocimiento facial puede consistir en miles de fotos etiquetadas con los nombres de las personas que aparecen en ellas. La IA utiliza estos datos para aprender y realizar identificaciones precisas de las personas.

En el contexto de la IA, un modelo es lo que crea un algoritmo tras aprender de un conjunto de datos. El modelo representa lo que el algoritmo ha aprendido, ya sea reconocer rostros humanos, traducir idiomas o predecir patrones meteorológicos. La eficacia de cada modelo depende del conjunto de datos subyacente y del algoritmo específico con el que se entrenó. Por ejemplo, un modelo de predicción meteorológica analiza datos y patrones meteorológicos históricos para predecir las condiciones meteorológicas futuras.

Por último, el entrenamiento es una fase crucial en la vida de un modelo de IA. Aquí es donde el modelo aprende del conjunto de datos. El entrenamiento consiste en alimentar al algoritmo con grandes cantidades de datos para que pueda ajustar sus acciones basándose en los patrones y correlaciones que encuentre. El rendimiento del algoritmo mejora con el tiempo a medida que aprende de más datos. Por ejemplo, cuanto más utilices un asistente activado por voz como Siri o Alexa, mejor comprenderá tus patrones y preferencias de habla, gracias al entrenamiento continuo a partir de tus interacciones.

Nunca se insistirá lo suficiente en la importancia de comprender estos términos. Son los cimientos de la alfabetización en IA, que te permitirán comprender conceptos más complejos a medida que avances. También te preparan para compartir tus ideas y contribuir a las conversaciones sobre IA, ya sea en discusiones informales o en entornos profesionales. Conocer los términos correctos puede ayudar a desmitificar la IA, haciéndola más accesible y menos intimidatoria.

Si quieres profundizar en tu comprensión de la terminología de la IA, hay muchos recursos disponibles. Sitios web como Machine Learning Mastery y la sección de IA de Khan Academy ofrecen explicaciones detalladas y tutoriales que pueden ayudarte a comprender mejor los conceptos clave. Libros como "AI: A Very Short Introduction" de Margaret A. Boden proporcionan una visión más amplia de la IA y su lenguaje, ofreciendo un contexto que puede enriquecer tu comprensión. Además, los glosarios en línea de reputadas organizaciones de investigación en IA, como DeepMind u OpenAI, son herramientas valiosas para consultar y aclarar rápidamente los términos que encuentres.

Utilizar estos recursos no sólo ayuda a consolidar tu comprensión de la terminología de la IA, sino que también mejora tu capacidad para participar en el discurso más amplio de la IA. Tanto si lees artículos de investigación sobre IA como si colaboras en proyectos o simplemente satisfaces tu curiosidad, un buen dominio del lenguaje de la IA tiene un valor incalculable. A medida que sigas explorando la IA, repasa estos términos e incorpóralos a tu vocabulario. Cuanto más familiares te resulten, más seguro te sentirás navegando por el apasionante campo de la Inteligencia Artificial.

2

APLICACIONES PRÁCTICAS
DE LA IA

L a Inteligencia Artificial no es sólo una noción futurista; ya está aquí, revolucionando las industrias y la vida cotidiana. En este capítulo exploraremos cómo la IA está avanzando a pasos agigantados en diversos sectores, empezando por la sanidad, un campo en el que el impacto de la IA está cambiando profundamente la vida. Desde análisis predictivos que pronostican tendencias sanitarias hasta cirugías robóticas que mejoran la precisión y reducen los tiempos de recuperación, el papel de la IA en la sanidad es transformador e inspirador. Sumerjámonos en estos avances y comprendamos cómo no sólo están mejorando la calidad de la asistencia, sino también remodelando el panorama de los tratamientos médicos y la interacción con los pacientes.

2.1 LA IA EN LA ASISTENCIA SANITARIA: REVOLUCIONANDO LA ATENCIÓN AL PACIENTE

Análisis predictivo en la monitorización de pacientes

Imagina un mundo en el que los médicos puedan predecir posibles problemas de salud antes de que se conviertan en problemas graves.

Gracias a la IA, esto se está convirtiendo rápidamente en una realidad. El análisis predictivo en sanidad utiliza algoritmos y aprendizaje automático para analizar grandes cantidades de datos de pacientes procedentes de diversas fuentes -historias clínicas electrónicas, dispositivos portátiles e información genética- para predecir tendencias sanitarias. Este método permite a los profesionales sanitarios identificar a los pacientes de riesgo e intervenir antes, evitando potencialmente el empeoramiento de las enfermedades. Por ejemplo, analizando los datos de los sensores de frecuencia cardiaca, la IA puede predecir los episodios cardiacos antes de que se produzcan, lo que permite intervenciones médicas oportunas que pueden salvar vidas. Este enfoque proactivo personaliza la atención al paciente y reduce significativamente la carga de los sistemas sanitarios al evitar costosos tratamientos de urgencia.

La IA en la imagen médica

Si nos adentramos en el campo de la medicina, la precisión de la IA resulta crucial para diagnosticar enfermedades a partir de imágenes médicas. Técnicas como la resonancia magnética y la tomografía computarizada son vitales para la detección precoz de enfermedades, pero dependen en gran medida de la pericia de los radiólogos que interpretan estas imágenes. La IA mejora este proceso proporcionando herramientas que pueden analizar las imágenes médicas con una precisión y rapidez increíbles. Por ejemplo, los sistemas de IA están entrenados para detectar patrones sutiles en los datos de las imágenes que podrían pasar desapercibidos a los ojos humanos, como signos tempranos de cáncer o cambios diminutos en las exploraciones cerebrales que podrían indicar el inicio de un trastorno neurológico. Esta capacidad no sólo acelera el proceso de diagnóstico, sino que también aumenta su precisión, lo que es crucial para las enfermedades en las que la detección precoz puede mejorar drásticamente el pronóstico.

Cirugía robótica

En el quirófano, la IA está transformando las cirugías mediante el uso de asistencia robótica. Estos sistemas robóticos, guiados por la IA, ayudan a los cirujanos a realizar intervenciones complejas con un nivel de precisión y control que supera las capacidades humanas. El sistema quirúrgico da Vinci, por ejemplo, permite a los cirujanos operar a través de unas pocas incisiones pequeñas con más precisión, flexibilidad y control que las técnicas tradicionales. Este método reduce significativamente los tiempos de recuperación y minimiza el riesgo de infección, haciendo que las intervenciones sean más seguras para los pacientes y menos gravosas para los cirujanos. Los resultados reales de los hospitales que utilizan sistemas de cirugía robótica demuestran una reducción de las estancias hospitalarias y de las tasas de readmisión, lo que pone de relieve las ventajas tangibles de integrar la IA en las prácticas quirúrgicas.

Asistentes sanitarios virtuales

Por último, los asistentes sanitarios virtuales basados en IA están haciendo más accesible la asistencia sanitaria. Estos sistemas utilizan el procesamiento del lenguaje natural para interactuar con los pacientes, proporcionando diagnósticos preliminares basados en los síntomas descritos por el usuario. Por ejemplo, los asistentes sanitarios virtuales pueden recordar a los pacientes que tomen su medicación, programar citas e incluso dar consejos sanitarios básicos, de forma muy parecida a una enfermera de triaje. Esta tecnología es especialmente beneficiosa en zonas rurales o desatendidas, donde escasean los profesionales médicos. Al ocuparse de las consultas rutinarias y controlar la salud de los pacientes, estos asistentes de IA liberan a los profesionales sanitarios humanos para que puedan centrarse en casos más complejos, mejorando así la atención y el compromiso general con el paciente.

Elemento interactivo: Ejercicio de reflexión

Tómate un momento para reflexionar sobre cómo la IA en la asistencia sanitaria podría repercutir personalmente en tu vida o en la de tus seres queridos. Considera escenarios como la gestión de enfermedades crónicas, someterse a intervenciones quirúrgicas o incluso a revisiones médicas rutinarias. ¿Qué te parece confiar en la IA para estos aspectos relacionados con la salud? Escribe tus pensamientos y sentimientos. Esta reflexión puede ayudarte a apreciar el aspecto humano de los avances tecnológicos y a considerar las dimensiones éticas de la IA en la asistencia sanitaria.

A medida que seguimos explorando las aplicaciones prácticas de la IA, queda claro que su potencial para mejorar y salvar vidas es inmenso. La integración de la IA en la atención sanitaria es sólo un ejemplo de cómo se está utilizando esta tecnología para abordar algunos de los retos más importantes a los que se enfrentan hoy diversas industrias.

2.2 CÓMO LA IA ESTÁ TRANSFORMANDO EL COMERCIO MINORISTA Y ELECTRÓNICO

Imagina que entras en una tienda en la que las estanterías se reorganizan solas a medida que caminas, mostrando productos que parecen hechos a tu medida: artículos que encajan con tu estilo, se ajustan a tu presupuesto e incluso complementan lo que compraste la semana pasada. Esto no es una escena de una película futurista; es la realidad actual en las industrias del comercio electrónico y minorista, impulsada por la inteligencia artificial. La IA está redefiniendo cómo compran los consumidores y cómo gestionan sus operaciones los minoristas, haciendo que la experiencia de compra sea más personalizada y eficiente que nunca.

Personalización de la experiencia del cliente

En el ámbito del comercio minorista, el toque personal importa mucho, y la IA es la maestra de la personalización. Analizando grandes cantidades de datos -lo que ves, lo que compras, cómo navegas por las tiendas online-, los algoritmos de IA aprenden tus preferencias y hábitos de compra. Utilizan esta información para adaptar tu experiencia de compra, recomendándote productos que es más probable que compres. Por ejemplo, si has estado buscando libros de un género concreto, la IA puede destacar los recién llegados, los más vendidos e incluso libros menos conocidos de esa categoría. Este tipo de personalización hace que tu experiencia de compra sea más relevante y agradable, imitando los consejos útiles y personalizados que te daría tu tendero favorito.

Gestión de existencias

Entre bastidores, la IA desempeña un papel crucial en la gestión del inventario, un aspecto crítico pero difícil del comercio minorista. Los métodos tradicionales a menudo conducen a excedentes de existencias o a roturas de stock, ambos costosos para las empresas. La IA transforma esta situación prediciendo la demanda con mayor precisión, garantizando la optimización de los niveles de inventario. Analiza los patrones de los datos históricos de ventas y tiene en cuenta factores como la estacionalidad, las tendencias del mercado e incluso el sentimiento de las redes sociales para predecir la demanda de productos. Esta capacidad predictiva permite a los minoristas almacenar la cantidad justa de cada producto, reduciendo el despilfarro y garantizando que los artículos populares no se agoten, lo que a su vez aumenta la satisfacción del cliente.

La IA en la logística

La logística para llevar un producto del almacén a la puerta de tu casa también se ha visto revolucionada por la IA. En los almacenes, los robots controlados por IA recogen y empaquetan los pedidos con eficacia, acelerando los tiempos de procesamiento y reduciendo los errores humanos. Pero la verdadera magia se produce en la logística de entrega. La IA optimiza las rutas de entrega en tiempo real, teniendo en cuenta factores como las condiciones del tráfico, el tiempo y la ubicación de todos los paquetes que deben entregarse ese día. Esto no sólo acelera los tiempos de entrega, sino que también reduce el consumo de combustible, haciendo que el proceso sea más rápido y respetuoso con el medio ambiente. Las rutas dinámicas también se adaptan instantáneamente a los cambios, como la baja por enfermedad de un conductor o la avería de un vehículo, garantizando que esas interrupciones tengan un impacto mínimo en el servicio al cliente.

Automatización del Servicio de Atención al Cliente

Por último, la IA mejora significativamente el servicio al cliente mediante el uso de chatbots y asistentes virtuales. Estas herramientas potenciadas por la IA proporcionan un servicio de atención al cliente 24 horas al día, 7 días a la semana, ocupándose de todo, desde el seguimiento del estado de los pedidos hasta la gestión de las devoluciones y la respuesta a las preguntas más frecuentes. Lo que los hace especialmente eficaces es su capacidad de aprender de cada interacción. Con el tiempo, mejoran en la comprensión y respuesta a las consultas de los clientes, proporcionando respuestas cada vez más precisas y adecuadas al contexto. Esto mejora la eficacia de los departamentos de atención al cliente de y mejora la experiencia general del cliente, proporcionando respuestas rápidas y precisas a preguntas que, de otro modo, requerirían una larga espera para recibir asistencia humana.

Estas innovaciones impulsadas por la IA no se limitan a hacer que las compras sean más agradables o eficientes, sino que están remodelando el tejido mismo de la industria minorista. A medida que la tecnología de IA siga evolucionando, su impacto en el comercio minorista y electrónico probablemente aumentará, personalizando aún más las experiencias de compra, racionalizando las operaciones y mejorando la satisfacción del cliente. A medida que avancemos, la integración de la IA en el comercio minorista promete traer cambios aún más profundos, por lo que es un momento emocionante tanto para los consumidores como para los minoristas.

2.3 LA IA EN LA GESTIÓN DE LAS FINANZAS PERSONALES

En el intrincado mundo de las finanzas personales, gestionar tus inversiones, protegerte contra el fraude, optimizar el gasto y evaluar la solvencia puede resultar abrumador. Afortunadamente, la Inteligencia Artificial está interviniendo para simplificar y asegurar estos aspectos, haciendo que las sofisticadas herramientas de gestión financiera sean accesibles a todo el mundo, no sólo a los expertos en finanzas. Exploremos cómo la IA está transformando la gestión de las finanzas personales, poniendo al alcance de tu mano asesoramiento experto y sólidas medidas de seguridad.

Asesoramiento financiero automatizado

Navegar por el mundo de las inversiones puede ser desalentador. ¿Dónde inviertes? ¿Cómo equilibras el riesgo y la rentabilidad? Las tecnologías de asesoramiento financiero basadas en IA están aquí para guiarte en estas decisiones, proporcionándote asesoramiento personalizado sobre inversiones y gestión de carteras. Estos asesores de IA, a menudo denominados roboasesores, utilizan algoritmos para evaluar tus objetivos financieros, tu tolerancia al riesgo y tus plazos de inversión para sugerirte las mejores estrategias de inversión adaptadas a ti. Por ejemplo, si tu objetivo es ahorrar para la jubilación, la IA puede ayudarte a asignar tus inversiones en una cartera diversificada que equilibre el crecimiento con el riesgo a lo largo del tiempo. Esto no sólo democratiza el asesoramiento financiero -anteriormente dominio de los ricos-, sino que lo mejora al eliminar los prejuicios humanos y la toma de decisiones emocionales del proceso de inversión. Tanto si eres un principiante que quiere iniciar su viaje inversor como si eres un inversor experimentado que busca la optimización, la IA en el asesoramiento financiero hace que el proceso sea más accesible y alineado con tus objetivos financieros personales.

Detección y prevención del fraude

A medida que nuestras actividades financieras se trasladan a Internet, aumenta el riesgo de fraude y de violaciones de la seguridad. Aquí, la IA demuestra ser un aliado formidable que va analizando continuamente patrones de comportamiento en los datos de las transacciones, los sistemas de IA pueden identificar anomalías que pueden indicar actividades fraudulentas. Estos sistemas aprenden de vastos conjuntos de datos de transacciones históricas cómo son los patrones normales y anormales. Por ejemplo, supongamos que se realiza una transacción inusualmente grande desde un lugar o dispositivo que no coincide con su patrón habitual. En ese caso, la IA puede señalar esta transacción en tiempo real y alertarte a ti y al banco, deteniendo potencialmente el fraude en seco. Esta respuesta inmediata es crucial para evitar la pérdida de fondos y el estrés y los trastornos asociados que el fraude puede causar en nuestras vidas. Al salvaguardar tus finanzas con la IA, ganas en tranquilidad al saber que tu dinero está vigilado las 24 horas del día por una tecnología inteligente y adaptable.

Optimización del gasto

Más allá del ahorro y la inversión, la gestión eficiente de los gastos cotidianos desempeña un papel crucial en la salud financiera. La IA interviene aquí analizando tus hábitos de gasto, clasificando los gastos e identificando las áreas en las que puedes ahorrar. Imagina una herramienta de IA que se integre con tus cuentas bancarias y tarjetas de crédito, proporcionándote un completo panel de control de tus gastos en tiempo real. Podría resaltar las suscripciones recurrentes que podrías haber olvidado o sugerir ajustes presupuestarios si estás gastando demasiado en salir a cenar. Al proporcionarte esta información procesable, la IA te ayuda a optimizar tus gastos sin necesidad de examinar minuciosamente los extractos bancarios o hacer un seguimiento manual de los gastos. Esto ayuda a mantener la disciplina financiera y te permite tomar decisiones informadas que mejoran tu libertad y estabilidad financieras.

Calificación crediticia

Por último, a la hora de pedir un préstamo, ya sea para comprar una casa, un coche o para gestionar un crédito, es crucial cómo evalúan tu solvencia las instituciones financieras. Los métodos tradicionales de puntuación crediticia a menudo pueden dejar fuera a personas con poco o ningún historial crediticio o a quienes no utilizan el crédito tradicionalmente. La IA cambia este panorama utilizando datos alternativos -como tu historial de pagos de alquileres, pagos de facturas de servicios públicos e incluso tus hábitos de compra- para evaluar tu solvencia. Este método proporciona una visión más holística del comportamiento financiero de un individuo, haciendo el crédito más accesible a un grupo más amplio de personas y reduciendo potencialmente los tipos de interés debido a una mejor evaluación del riesgo. La inclusividad que la IA aporta a la calificación crediticia no sólo abre oportunidades para que muchos accedan a los fondos necesarios, sino que también impulsa un cambio hacia un sistema financiero más equitativo.

A medida que la IA sigue evolucionando, su integración en la gestión de las finanzas personales transforma la forma en que interactuamos con nuestro dinero. Desde hacer accesible el asesoramiento financiero experto hasta proteger de los estafadores el dinero que tanto nos ha costado ganar, la IA en la gestión de las finanzas personales cambia las reglas del juego. Las sofisticadas capacidades de análisis y procesamiento en tiempo real de la IA proporcionan un nivel de personalización y seguridad que antes era inimaginable, permitiéndote gestionar tus finanzas con confianza y facilidad. Tanto si estás planificando tu jubilación, comprando tu primera casa o simplemente intentando tomar mejores decisiones financieras, el papel de la IA en las finanzas personales es un aliado inestimable en tu viaje financiero.

2.4 EL PAPEL DE LA IA EN LA AGRICULTURA MODERNA

La agricultura, columna vertebral de la civilización humana, está experimentando una notable transformación impulsada por los avances en Inteligencia Artificial. Los campos que antes dependían únicamente de la intuición y la experiencia de los agricultores se benefician ahora de tecnologías de IA que aportan precisión, eficiencia y sostenibilidad a la vanguardia de las prácticas agrícolas. Profundicemos en cómo la IA está remodelando la agricultura, mejorándolo todo, desde la gestión de los cultivos hasta toda la cadena de suministro.

Agricultura de precisión

En el centro de la transformación de la agricultura moderna está la agricultura de precisión, un enfoque que utiliza la IA y el análisis de datos para que la agricultura sea más controlada y precisa. Los sistemas de IA de la agricultura de precisión recopilan datos de diversas fuentes, como imágenes por satélite, previsiones meteorológicas y sensores de campo que controlan la salud del suelo y los cultivos. Estos datos se analizan después para tomar decisiones informadas sobre cuándo plantar, regar y aplicar nutrientes o pesticidas. Por ejemplo, la IA puede analizar los datos de los sensores de humedad para determinar la cantidad exacta de agua necesaria para las distintas partes de un campo, optimizando así el uso del agua y reduciendo el despilfarro. Este método no sólo conserva los recursos, sino que también garantiza que los cultivos crezcan en condiciones ideales, mejorando el rendimiento y la calidad. Además, la agricultura de precisión impulsada por la IA puede adaptarse a las condiciones ambientales cambiantes, ofreciendo ajustes dinámicos de las prácticas agrícolas que ayudan a mitigar los efectos de la variabilidad climática en la producción de cultivos.

Predicción de enfermedades y plagas

Otra ventaja significativa de integrar la IA en la agricultura es su capacidad para predecir y gestionar las enfermedades de los cultivos y las infestaciones de plagas. Los modelos de IA entrenados con datos históricos pueden identificar patrones y predecir brotes antes de que se generalicen. Estos sistemas utilizan imágenes de drones o satélites para inspeccionar los cultivos y analizar los signos de estrés o enfermedad. Cuando se detecta una amenaza potencial, el sistema de IA alerta a los agricultores y recomienda tratamientos específicos. Esta intervención a tiempo es crucial para evitar la propagación de enfermedades y plagas, que pueden devastar los cultivos y provocar importantes pérdidas económicas. Al abordar los problemas a tiempo y localmente, los agricultores pueden evitar el uso de pesticidas de amplio espectro, lo que es mejor para el cultivo, el medio ambiente y el ecosistema.

Robots agrícolas

Los robots también están asumiendo más funciones en la agricultura, gracias a la IA. Estos robots agrícolas, o agribots, realizan diversas tareas, como plantar semillas, escardar y cosechar cultivos. Por ejemplo, las cosechadoras robotizadas pueden equiparse con IA de visión por ordenador para reconocer las frutas y verduras maduras, y recogerlas cuidadosamente sin dañar la planta ni el producto. Esto no sólo acelera el proceso de recolección en sí, sino que también reduce el esfuerzo físico de los trabajadores humanos. Del mismo modo, los robots desbrozadores utilizan la IA para diferenciar entre cultivos y malas hierbas, eliminando con precisión las plantas no deseadas sin utilizar herbicidas. Estos robots son beneficiosos en las operaciones agrícolas a gran escala, donde la eficacia y precisión de los robots pueden suponer un ahorro sustancial de costes y mayores índices de producción.

Optimización de la cadena de suministro

El impacto de la IA se extiende más allá de los campos y llega a la cadena de suministro agrícola. Desde el momento en que se cosechan los cultivos hasta que llegan al consumidor, la IA puede optimizar el trayecto, garantizando la eficiencia y minimizando las pérdidas. Los sistemas de IA analizan los datos de la cadena de suministro para predecir y gestionar el almacenamiento y el transporte de los productos. Esto incluye determinar el momento óptimo de recolección de los cultivos para que alcancen su máxima frescura, predecir la demanda en los mercados y planificar las rutas más eficientes para el transporte. Al optimizar estos elementos, la IA reduce el deterioro y los residuos, garantizando que más productos lleguen al consumidor en las mejores condiciones posibles. Esto no sólo mejora la rentabilidad de los agricultores, sino que también contribuye a unas prácticas de producción y distribución de alimentos más sostenibles.

A medida que la IA sigue evolucionando, su integración en diversos aspectos de la agricultura promete revolucionar aún más este sector. Estos avances no sólo permiten a los agricultores satisfacer la creciente demanda de alimentos de una población mundial en aumento, sino también hacerlo de forma sostenible y teniendo en cuenta a las generaciones futuras. La transformación que ha traído la IA a la agricultura es un testimonio de cómo la tecnología puede ayudar a la humanidad a adaptarse y prosperar, incluso en sectores tan antiguos y establecidos como la agricultura.

2.5 AUTOMATIZACIÓN DEL HOGAR CON IA: UNA MIRADA MÁS CERCANA

Imagina que entras en casa después de un largo día y, con una simple orden de voz, las luces se ajustan a tu configuración preferida, la temperatura es la adecuada y tu música favorita empieza a sonar suavemente de fondo. Este escenario no es un atisbo de un futuro lejano, sino una realidad posible hoy gracias a la domótica potenciada por la IA. Estos dispositivos domésticos inteligentes están redefiniendo la comodidad y la seguridad de nuestras viviendas, haciéndolas más inteligentes, seguras y eficientes energéticamente.

Los dispositivos domésticos inteligentes, como termostatos, sistemas de iluminación y aparatos de seguridad, se han hecho cada vez más populares gracias a la comodidad y el control que ofrecen. Por ejemplo, los termostatos inteligentes aprenden de tus hábitos y ajustan los sistemas de calefacción y refrigeración de tu casa para optimizar el confort y el consumo de energía. Con el tiempo, reconocen tus horarios y preferencias de temperatura, ajustándose automáticamente para garantizar el máximo confort cuando estás en casa y el ahorro de energía cuando estás fuera. Del mismo modo, los sistemas de iluminación inteligentes pueden programarse y controlarse a distancia. Puedes ajustar el brillo, establecer horarios e incluso cambiar los colores para crear el ambiente perfecto para cualquier ocasión, todo desde tu smartphone. Estos sistemas no sólo añaden comodidad a tu rutina diaria, sino que también ayudan a reducir el consumo innecesario de energía asegurándose de que las luces están apagadas cuando no se necesitan.

Las ventajas de la IA en la domótica van más allá de la comodidad y el confort; también abarcan mejoras significativas en la seguridad del hogar. Los modernos sistemas de seguridad con IA emplean tecnologías sofisticadas, como el reconocimiento facial y la detección de movimiento, para mejorar la seguridad de tu hogar. Por ejemplo, las cámaras de seguridad equipadas con IA pueden diferenciar entre caras conocidas y desconocidas, alertándote sólo cuando un individuo no reconocido está en tu puerta. Esto reduce las falsas alarmas y garantiza que sólo se te notifiquen las amenazas potenciales. Del mismo modo, los sensores de movimiento basados en IA son capaces de distinguir entre distintos tipos de movimiento. Pueden saber si el movimiento lo causa una mascota, una persona o simplemente una cortina que se mueve, lo que ayuda a minimizar las falsas alarmas y a mejorar la seguridad general de tu casa.

La integración y gestión de estos diversos dispositivos es donde realmente brilla la IA, reuniendo elementos dispares en un sistema cohesionado. A través de una interfaz centralizada, a menudo en una aplicación para smartphone, la IA integra el control de varios dispositivos, desde termostatos y luces hasta cámaras de seguridad e incluso electrodomésticos de cocina. Esta integración permite escenarios en los que tu sistema de seguridad puede comunicarse con las luces y el sistema de audio para simular la ocupación cuando estás de vacaciones, lo que podría disuadir los robos. La facilidad con que se pueden gestionar y supervisar estos sistemas no sólo simplifica tu vida, sino que te proporciona un control inigualable sobre tu entorno, estés donde estés. Tanto si estás en la oficina como en una playa al otro lado del mundo, puedes controlar tu casa, ajustar la configuración y asegurarte de que todo está como debe.

El impacto de la IA en la domótica es profundo, ya que ofrece una combinación de mayor comodidad, mejor eficiencia energética y mayor seguridad. A medida que estas tecnologías sigan evolucionando, la forma en que interactuamos con los espacios que nos rodean será cada vez más fluida e intuitiva, convirtiendo nuestros hogares no sólo en lugares de confort, sino también en centros personales de entornos vitales personalizados e impulsados por la tecnología.

2.6 LA IA EN LA EDUCACIÓN: EXPERIENCIAS DE APRENDIZAJE PERSONALIZADAS

En el cambiante panorama de la educación, la integración de la IA está demostrando ser un factor de cambio, sobre todo en la personalización de las experiencias de aprendizaje. La capacidad de esta tecnología para adaptar el contenido educativo a las necesidades únicas de cada alumno es nada menos que revolucionaria. Los sistemas basados en IA analizan los patrones de aprendizaje y los progresos individuales, lo que les permite adaptar los cursos de forma que optimicen el potencial de aprendizaje de cada alumno. Por ejemplo, si un alumno destaca en matemáticas, pero tiene dificultades con la lectura, la IA puede ajustar el plan de estudios para proporcionarle problemas matemáticos más avanzados y, al mismo tiempo, ofrecerle apoyo adicional para la lectura. Este enfoque personalizado ayuda a mantener el interés de los alumnos y les supone un reto, mejorando significativamente tanto el compromiso como los resultados del aprendizaje.

Además, el papel de la IA en la educación se extiende a la calificación y los comentarios automatizados, lo que aligera significativamente la carga de trabajo de los educadores y proporciona a los estudiantes comentarios inmediatos y procesables. Los sistemas de IA pueden evaluar y calificar rápidamente una serie de tareas, desde simples cuestionarios a complejas redacciones, destacando las áreas que necesitan mejorar. Esto no sólo acelera el proceso, sino que también garantiza la coherencia en la calificación, que a veces puede variar mucho de un profesor a otro. Y lo que es más importante, permite a los educadores dedicar menos tiempo a tareas administrativas y más a enseñar e interactuar directamente con sus alumnos, fomentando un mejor entorno de aprendizaje.

El compromiso y la interacción en el aprendizaje mejoran aún más con la IA mediante el uso de tutores virtuales y plataformas interactivas. Estos tutores de IA están disponibles 24 horas al día, 7 días a la semana, proporcionando a los estudiantes ayuda a demanda siempre que la necesiten. Tanto si un estudiante tiene dificultades con un problema concreto a altas horas de la noche como si necesita repasar un concepto antes de un examen, los tutores de IA pueden proporcionar orientación y explicaciones personalizadas, haciendo que el aprendizaje sea más accesible. Además, las plataformas interactivas de IA pueden transformar las actividades de aprendizaje tradicionales en experiencias más dinámicas y atractivas. Por ejemplo, pueden simular escenarios del mundo real para asignaturas como historia o ciencias, permitiendo a los alumnos explorar civilizaciones antiguas o realizar experimentos virtuales, lo que mejora tanto la comprensión como la retención de conocimientos.

Otra ventaja significativa de la IA en la educación es su capacidad para agilizar las tareas administrativas. La IA automatiza numerosas operaciones entre bastidores, desde la programación de las clases y la gestión de las bases de datos escolares hasta el seguimiento de la asistencia y el progreso de los alumnos. Esta automatización no sólo reduce la posibilidad de error humano, sino que libera al personal administrativo para que se centre en tareas más estratégicas que contribuyen directamente a la calidad de la educación. Para los educadores, esto significa dedicar menos tiempo al papeleo y más al desarrollo de métodos de enseñanza innovadores y al compromiso con los alumnos.

El impacto transformador de la IA en la educación abre posibilidades apasionantes para mejorar las experiencias de aprendizaje, haciendo que la educación sea más integradora, eficiente y adaptada a las necesidades de cada alumno. Representa un cambio hacia un enfoque más centrado en el estudiante, en el que cada alumno puede prosperar a su propio ritmo y estilo. De cara al futuro, la integración de la IA en la educación promete no sólo cambios graduales, sino un cambio fundamental en nuestra forma de enseñar y aprender.

Al cerrar este capítulo, reflexionamos sobre la profunda influencia de la IA en diversos sectores. Desde la sanidad y el comercio minorista hasta las finanzas personales y la educación, las capacidades de la IA no sólo están mejorando la eficiencia operativa, sino también la calidad de vida. Cada aplicación, ya sea la gestión de las cosechas en la agricultura o la personalización de las experiencias de aprendizaje en la educación, subraya el papel de la IA como elemento fundamental en la sociedad moderna. De cara al futuro, el próximo capítulo ahondará en las consideraciones éticas, explorando cómo podemos sortear los retos que plantea la IA para garantizar que beneficie a la sociedad en su conjunto. Esta exploración es crucial mientras nos esforzamos por aprovechar el potencial de la IA de forma responsable y ética, garantizando que sirva como una fuerza para el bien en el panorama tecnológico en constante evolución.

3

MANOS A LA OBRA CON LA IA

Imagina que te pones en la piel de un desarrollador de IA, creando un sistema inteligente que no sólo comprenda el lenguaje humano, sino que también responda de forma inteligente a él. Este capítulo es tu taller, un espacio donde la teoría se encuentra con la práctica, y donde puedes arremangarte y empezar a construir. Comenzamos con uno de los proyectos de IA más atractivos que puedes emprender: crear tu propio chatbot. Ya sea por diversión, para una empresa o simplemente para impresionar a tus amigos, construir un chatbot es una forma excelente de aplicar tus recién descubiertos conocimientos de IA de forma práctica y divertida.

3.1 CONSTRUIR TU PRIMER CHATBOT: GUÍA PASO A PASO

Elegir la plataforma adecuada

El primer paso en tu viaje hacia la creación de un chatbot consiste en seleccionar la plataforma adecuada. Piensa en esto como si eligieras el tipo de tierra y las herramientas adecuadas para plantar un jardín.

Cada plataforma tiene sus características, ventajas y limitaciones, por lo que tu elección dependerá de lo que necesites que haga tu chatbot. Plataformas como Dialogflow (de Google) y Microsoft Bot Framework son excelentes para principiantes y para quienes quieran implantar un chatbot rápidamente. Dialogflow ofrece una interfaz intuitiva y fácil de usar con potentes capacidades de comprensión del lenguaje natural. Se integra sin problemas con muchas aplicaciones y servicios, lo que lo hace versátil para diversas aplicaciones. Microsoft Bot Framework, por su parte, es robusto, ofrece amplias opciones de personalización y una perfecta integración con el conjunto de herramientas de Microsoft. Ambas plataformas proporcionan una documentación exhaustiva y un fuerte apoyo de la comunidad, que resultan inestimables cuando estás empezando.

Diseñar conversaciones

Una vez que hayas elegido tu plataforma, la siguiente fase emocionante es diseñar los flujos de conversación. Aquí es donde escribes cómo interactuará tu chatbot con los usuarios. Las conversaciones eficaces de un chatbot son atractivas y proporcionan un flujo de información fluido y lógico. Empieza por trazar las interacciones típicas, incluidos los saludos, las respuestas a las consultas habituales y qué hacer si el chatbot no entiende una petición. Una buena práctica es mantener una conversación natural y similar a la humana. Utiliza un lenguaje claro y conciso, y recuerda infundir algo de personalidad: haz que tu chatbot sea simpático o ingenioso, dependiendo de tu público objetivo. Piensa en los caminos que pueden tomar tus usuarios durante la interacción y diseña tu chatbot para guiarles por ellos sin esfuerzo. Herramientas como los diagramas de flujo o los mapas mentales pueden ser increíblemente útiles para visualizar y planificar estas interacciones.

Integrar la IA

Integrar la IA en tu chatbot implica configurar las capacidades de procesamiento del lenguaje natural (PLN), que permiten al chatbot comprender y procesar las entradas del usuario. Tanto Dialogflow como Microsoft Bot Framework incorporan funciones de PLN. Estas plataformas utilizan modelos de aprendizaje automático para analizar las entradas de texto de los usuarios, comprender el contexto y determinar la respuesta adecuada basándose en los guiones de conversación que hayas diseñado. Configurar esto implica entrenar a tu chatbot con ejemplos de posibles interacciones del usuario, incluyendo preguntas o afirmaciones y cómo debería responder el chatbot. Cuantos más ejemplos proporciones, mejor entenderá y responderá tu chatbot a los usuarios. Este proceso, conocido como entrenamiento del modelo, es fundamental, ya que afecta directamente a la eficacia de tu chatbot.

Pruebas e iteración

El último paso es probar y perfeccionar tu chatbot. Lanza tu chatbot en un entorno controlado o inicialmente a un público limitado para recabar opiniones. Observa cómo interactúa con los usuarios y anota cualquier problema o área de mejora. ¿Comprende las peticiones del usuario? ¿Cómo gestiona las consultas inesperadas? Utiliza estos comentarios para perfeccionar los flujos de conversación y volver a entrenar a tu chatbot. Recuerda que crear un chatbot eficaz es un proceso iterativo. Implica hacer pruebas continuamente, recoger opiniones de los usuarios y mejorar el modelo. El objetivo es mejorar con el tiempo la capacidad del chatbot para manejar con mayor precisión una amplia gama de interacciones.

Elemento interactivo: Cuestionario

Para poner a prueba tu comprensión del proceso de creación de un chatbot, prueba este rápido cuestionario:

1. ¿Cuáles son las dos plataformas recomendadas para construir tu primer chatbot?
2. ¿Cuál es el propósito de diseñar flujos de conversación en el desarrollo de un chatbot?

3. Explica el papel del procesamiento del lenguaje natural en los chatbots.

4. ¿Por qué es importante probar e iterar cuando se desarrolla un chatbot?

Participar en este proyecto práctico consolida tu aprendizaje y te capacita para aventurarte en aplicaciones de IA más complejas. Al construir un chatbot, estarás dando un paso importante, pasando de ser un aprendiz pasivo a un creador activo en el campo de la IA, acercándote a dominar las habilidades prácticas que te permitirán innovar y quizás incluso transformar los paisajes digitales del mañana.

3.2 IMPLEMENTAR LA IA BÁSICA EN EL DISEÑO WEB

Diseños basados en IA

A la hora de crear un sitio web, el diseño es como los cimientos de una casa: establece la estructura y el tono de toda la experiencia del usuario. Tradicionalmente, los diseñadores web ajustaban manualmente los diseños en función del contenido y la interacción del usuario, un proceso que podía llevar mucho tiempo y ser inflexible. Llegan las herramientas de diseño web basadas en IA, que revolucionan este proceso automatizando la creación de diseños y tomando decisiones de diseño adaptables en tiempo real. Estas herramientas utilizan algoritmos de IA para analizar el contenido y el contexto de un sitio web, generando automáticamente diseños estéticamente agradables y funcionalmente eficaces. Por ejemplo, si un sitio web tiene una gran cantidad de contenido textual mezclado con elementos multimedia, la IA puede organizar inteligentemente estos elementos para que el usuario participe y lea de forma óptima. Además, estos diseños no son estáticos, sino que se adaptan en función de la interacción del usuario. Si la IA observa que determinados tipos de contenido atraen más a los usuarios, puede ajustar el diseño dinámicamente para resaltar estas áreas, garantizando que el sitio web siga siendo eficaz y atractivo a lo largo del tiempo. Esto no sólo agiliza el proceso de diseño, sino que también garantiza que el sitio web pueda evolucionar según las necesidades y preferencias de los usuarios sin constantes actualizaciones manuales.

Mejorar la experiencia del usuario

La experiencia de usuario en un sitio web va más allá de la mera estética: se trata de la facilidad y el agrado con que los usuarios pueden interactuar con el sitio. La IA lleva la experiencia de usuario a un nuevo nivel, personalizando y optimizando el recorrido del usuario en un sitio web. Una de las aplicaciones más impactantes de la IA en este ámbito es la visualización dinámica de contenidos y las funcionalidades de búsqueda predictiva. La visualización dinámica de contenidos mediante IA analiza el comportamiento del usuario, como las páginas en las que permanece y los enlaces en los que hace clic, para adaptar el contenido que se muestra. Esto significa que si un usuario pasa mucho tiempo en la sección de blogs de un sitio web de tecnología, la IA puede dar prioridad a mostrar más contenido de blogs en su página de inicio o sugerir artículos similares. La búsqueda predictiva, por otra parte, mejora la experiencia del usuario haciendo que la búsqueda sea más inteligente. Cuando los usuarios empiezan a escribir en la barra de búsqueda, los algoritmos de IA predicen lo que están buscando y ofrecen sugerencias en tiempo real. Esto no sólo acelera el proceso de búsqueda del usuario, sino que también lo hace más intuitivo, ya que la IA aprende de cada interacción para proporcionar predicciones más precisas con el tiempo.

Utilizar la IA para la accesibilidad

La accesibilidad web sigue siendo un tema crucial, ya que el espacio digital se esfuerza por ser inclusivo para todos los usuarios, incluidos los discapacitados. La IA está desempeñando un papel fundamental en la mejora de la accesibilidad de los sitios web mediante la automatización y el perfeccionamiento de funciones que hacen que el contenido sea accesible para un mayor número de personas. Por ejemplo, la IA puede generar automáticamente texto alternativo para las imágenes, lo que es crucial para los usuarios con discapacidad visual que dependen de lectores de pantalla para acceder al contenido web. Además, la IA puede optimizar la navegación web para usuarios con movilidad limitada, habilitando comandos de navegación por voz. Esto permite a los usuarios navegar, interactuar y acceder al contenido mediante comandos de voz, reduciendo así la dependencia de las entradas tradicionales de ratón o teclado. La IA también puede ajustar dinámicamente el tamaño del texto y los contrastes de color en función de las preferencias o necesidades del usuario, mejorando la legibilidad para los usuarios con deficiencias visuales. Al integrar estas funciones de accesibilidad impulsadas por la IA, los sitios web pueden atender a un público más amplio, garantizando que todo el mundo tenga el mismo acceso a los contenidos y servicios digitales.

Análisis y optimización

Por último, no se puede subestimar el papel de la IA en el análisis de los datos de los usuarios y la optimización del rendimiento de los sitios web. Cada interacción de un usuario con un sitio web genera datos que las herramientas de IA pueden analizar para obtener información sobre el comportamiento del usuario y el rendimiento del sitio web. Estas herramientas utilizan algoritmos de aprendizaje automático para procesar grandes volúmenes de datos, identificando pautas y tendencias que podrían no ser evidentes a primera vista. Por ejemplo, la IA puede rastrear qué páginas tienen las tasas de abandono más altas, sugiriendo áreas del sitio que podrían estar causando frustración al usuario. También puede identificar las llamadas a la acción más eficaces basándose en las tasas de conversión, proporcionando una orientación clara sobre lo que funciona mejor para atraer a los usuarios. Además, las pruebas A/B basadas en IA pueden automatizar el proceso de probar diferentes versiones de una página web para determinar cuál funciona mejor en términos de participación del usuario y tasas de conversión. Esto no sólo ayuda a tomar decisiones informadas sobre el diseño y el contenido, sino que también optimiza continuamente el sitio web para satisfacer eficazmente las expectativas de los usuarios y los objetivos empresariales. Al aprovechar la IA en el análisis y la optimización, los diseñadores y desarrolladores web pueden garantizar que el sitio siga siendo eficiente, atractivo y alineado con las necesidades del usuario, lo que en última instancia conduce a una experiencia online superior.

3.3 CREAR UN MODELO SENCILLO DE IA PARA PREDECIR LOS PATRONES METEOROLÓGICOS

Recogida de datos

Al embarcarnos en la tarea de crear un modelo de IA para predecir patrones meteorológicos, el paso inicial consiste en recopilar datos meteorológicos históricos. Estos datos son la piedra angular de nuestro modelo predictivo, ya que ofrecen información sobre las condiciones meteorológicas pasadas que podemos analizar y de las que podemos aprender. Las fuentes públicas como la Administración Nacional Oceánica y Atmosférica (NOAA) son inestimables para obtener datos precisos y completos. La NOAA proporciona una gran cantidad de información, como temperatura, precipitaciones, velocidad del viento, etc., recopilada durante décadas en diversas ubicaciones geográficas. Para acceder a estos datos, navega por el sitio web de la NOAA y explora su portal de Datos Climáticos en Línea. Aquí puedes especificar el tipo de datos, la región geográfica y el marco temporal que te interesan. Es esencial que descargues una cantidad considerable de datos que abarquen diferentes estaciones y condiciones meteorológicas, para garantizar que tu modelo pueda aprender a predecir patrones meteorológicos en diversos escenarios. Una vez recopilados, organiza los datos en un formato manejable, como un archivo CSV, que pueda importarse fácilmente a la mayoría de las herramientas de análisis de datos. Estos datos organizados formarán el conjunto de entrenamiento que enseñará a tu modelo de IA las complejidades de los patrones meteorológicos.

Selección del modelo

Con tus datos listos, la siguiente fase crucial es seleccionar el modelo de aprendizaje automático adecuado para la predicción meteorológica. Para los principiantes, los modelos de regresión son una opción adecuada por su eficacia para predecir valores numéricos, como la temperatura o las precipitaciones, basándose en datos históricos. Los modelos de regresión funcionan estableciendo una relación entre las características de entrada (como la humedad, la presión y la velocidad del viento) y la variable objetivo (como la temperatura). Esta relación se utiliza después para hacer predicciones sobre las condiciones meteorológicas futuras. Entre los distintos tipos de modelos de regresión, el modelo de Regresión Lineal es especialmente fácil de utilizar para los que se inician en la IA, ya que ofrece un buen equilibrio entre sencillez y poder predictivo. Sin embargo, si tus datos incluyen elementos de series temporales, lo que es típico de los datos meteorológicos, considerar un enfoque más sofisticado como la Predicción de Series Temporales o incluso las redes LSTM (Memoria a Largo Plazo), un tipo de aprendizaje profundo para datos secuenciales, podría producir predicciones más precisas. Herramientas como la biblioteca sci-kit-learn de Python ofrecen implementaciones de estos modelos, con las que puedes experimentar para ver cuál se ajusta mejor a las características de tus datos.

Entrenar el modelo

El entrenamiento del modelo elegido es donde se produce la magia. Este proceso consiste en alimentar tu modelo con los datos meteorológicos históricos para que pueda aprender e identificar patrones. Empieza dividiendo tus datos en dos conjuntos: un conjunto de entrenamiento y un conjunto de prueba. El conjunto de entrenamiento es lo que utilizarás para enseñar a tu modelo, mientras que el conjunto de prueba te ayudará a evaluar lo bien que ha aprendido tu modelo. Utilizando Python y bibliotecas como TensorFlow o scikit-learn, carga tus datos e inicia tu modelo. Durante el entrenamiento, ajusta los parámetros del modelo, como la tasa de aprendizaje o el número de épocas, que pueden influir significativamente en el rendimiento del modelo. Ajustar estos parámetros puede requerir algo de ensayo y error, pero es un paso crucial para optimizar la capacidad de tu modelo de predecir con precisión. A medida que tu modelo se entrena, ajusta sus parámetros internos para minimizar la diferencia entre sus predicciones y los valores reales observados en los datos de entrenamiento. Este refinamiento iterativo es crucial para desarrollar un modelo que no sólo comprenda los datos históricos, sino que también pueda hacer predicciones fiables sobre las condiciones meteorológicas futuras.

Interpretar los resultados

Después del entrenamiento, es hora de interpretar las predicciones de tu modelo. Utiliza tu conjunto de pruebas para evaluar el rendimiento del modelo. Esto implica comparar las predicciones meteorológicas del modelo con las condiciones meteorológicas reales observadas en los datos de prueba. Herramientas como la biblioteca matplotlib de Python pueden ayudarte a visualizar esta comparación, permitiéndote ver dónde funciona bien el modelo y dónde no. Conocer la precisión de tus predicciones es crucial, sobre todo si piensas utilizar este modelo en escenarios prácticos, como la planificación de eventos al aire libre o actividades agrícolas. Si las predicciones son suficientemente precisas, podrías aplicar este modelo para generar previsiones meteorológicas basadas en datos meteorológicos actuales. Por ejemplo, alimentando el modelo con datos en tiempo real procedentes de sensores meteorológicos, puedes predecir las próximas condiciones meteorológicas, ayudando a los agricultores a decidir el mejor momento para plantar o cosechar los cultivos. Esta aplicación práctica demuestra el poder de la IA para interactuar con el mundo natural y pone de relieve cómo pueden aprovecharse estas tecnologías para tomar decisiones informadas y basadas en datos que pueden repercutir en la economía, la seguridad y la eficiencia de diversos sectores.

3.4 LA IA EN LA FOTOGRAFÍA: MEJORAR LAS IMÁGENES AUTOMÁTICAMENTE

La magia de la fotografía captura momentos, cuenta historias e incluso tiende puentes a través del tiempo y el espacio. Sin embargo, incluso los fotógrafos más hábiles pueden enfrentarse a retos como una iluminación deficiente o una composición poco perfecta. Aquí es donde interviene la Inteligencia Artificial (IA), que transforma las buenas fotos en grandes sin un gran esfuerzo manual. Profundicemos en cómo la IA está revolucionando el arte de la fotografía, mejorando las imágenes mediante procesos automatizados e innovación creativa.

Comprender la IA del procesamiento de imágenes

En el ámbito de la fotografía, la IA es como un asistente altamente cualificado que perfecciona las fotos con rapidez y eficacia. En el núcleo de la mejora de la imagen impulsada por la IA se encuentran técnicas como la corrección de la exposición y el ajuste del color. La corrección de la exposición es vital porque garantiza que tus imágenes no sean ni demasiado oscuras (subexpuestas) ni demasiado brillantes (sobreexpuestas), lo que puede oscurecer los detalles. La IA analiza la imagen para identificar las zonas que necesitan un ajuste y modifica la exposición para sacar lo mejor de cada píxel. Del mismo modo, el ajuste del color es crucial para que las imágenes destaquen. La IA evalúa los colores de una imagen, mejorándolos para que parezcan más vibrantes y fieles a la realidad, sin que los colores resulten antinaturales. Estos ajustes se basan en complejos algoritmos que reproducen el proceso de toma de decisiones de un editor humano experimentado, garantizando que las fotos que hagas cuenten la historia deseada con claridad visual e impacto.

Utilizar herramientas de IA

Para quienes deseen aprovechar estas capacidades de IA, varias herramientas y paquetes de software ponen estas sofisticadas tecnologías al alcance de fotógrafos de todos los niveles de habilidad. Adobe Photoshop, por ejemplo, ofrece funciones de IA a través de Adobe Sensei, que incluye funciones de autocorrección que ajustan el contraste, la exposición y el equilibrio de color con un solo clic. Otra potente herramienta es Luminar AI, diseñada específicamente para aprovechar la inteligencia artificial en la mejora de las fotos. Va más allá de las correcciones básicas al ofrecer funciones como la sustitución del cielo, con la que la IA detecta el cielo de cualquier foto y lo sustituye por una versión más dinámica o adecuadamente iluminada, y el potenciador de retratos, que puede refinar sutilmente los rasgos faciales y la iluminación para mejorar las fotos de retratos. Estas herramientas se han diseñado pensando en la facilidad de uso, lo que significa que no necesitas profundos conocimientos de software de edición fotográfica para conseguir resultados de calidad profesional.

Tareas prácticas de edición

Más allá de las mejoras básicas, la IA en fotografía destaca en tareas de edición más complejas que tradicionalmente requieren una detallada intervención manual. Considera el problema común de los objetos no deseados en tus fotos, como cables de alta tensión o una persona involuntaria en el fondo. Las herramientas de IA pueden identificar y eliminar automáticamente estos objetos, limpiando la escena sin dejar rastro. Imagina que estás fotografiando un paisaje sereno, pero un cubo de basura está estropeando la vista. Con la IA, eliminar esa basura puede ser tan sencillo como unos pocos clics, y la zona se rellena a la perfección para que coincida con el entorno circundante. Otro reto frecuente son las malas condiciones de iluminación. La IA puede iluminar las imágenes de forma inteligente, ajustar las sombras y las luces, e incluso simular el efecto de la luz de la hora dorada, todo ello manteniendo el aspecto natural de la foto. Esta capacidad es especialmente útil en situaciones como la fotografía de bodas, en las que puedes no tener control sobre la iluminación y necesitas asegurarte de que cada foto tenga el mejor aspecto posible.

Usos creativos de la IA en fotografía

Las aplicaciones creativas de la IA en fotografía están superando los límites de lo posible. La transferencia de estilo es un área apasionante en la que la IA aplica el estilo de una imagen, como un cuadro famoso, a otra, transformando fotos corrientes en intrigantes obras de arte. Esta tecnología analiza los elementos artísticos del estilo de referencia, como las pinceladas y las paletas de colores, y los aplica inteligentemente a tu foto, todo ello conservando el contenido y el contexto originales. Otro uso innovador de la IA son las sugerencias automatizadas de composición. Aquí, la IA analiza los elementos de una foto y sugiere recortes o ajustes que podrían mejorar el impacto visual basándose en las reglas de composición, como la regla de los tercios. Esta herramienta es increíblemente útil para los fotógrafos aficionados que quieren aprender sobre composición, ya que proporciona sugerencias y explicaciones en tiempo real sobre los ajustes recomendados. Estas herramientas creativas no tratan sólo de mejorar las fotos, sino de reimaginar lo que tu fotografía puede transmitir, permitiéndote explorar nuevas vías artísticas con la ayuda de la avanzada tecnología de IA.

Como puedes ver, el papel de la IA en la fotografía está transformando no sólo cómo mejoramos las imágenes, sino también cómo concebimos y creamos el arte visual. Con estas herramientas de IA a tu disposición, el potencial para elevar tu fotografía y explorar nuevas posibilidades creativas es inmenso. Tanto si estás corrigiendo simples defectos como experimentando con complejos efectos artísticos, la IA en fotografía te permite alcanzar tu visión con mayor facilidad y sofisticación.

3.5 CONFIGURAR DISPOSITIVOS CONTROLADOS POR VOZ MEDIANTE IA

Los dispositivos controlados por voz han transformado la forma en que interactuamos con nuestros hogares, ofreciendo una mezcla de comodidad y encanto futurista que parecía fuera de nuestro alcance hace sólo unos años. Entre el abanico de opciones disponibles, Amazon Echo y Google Home destacan por sus avanzadas capacidades de IA, su amplia gama de funciones y su facilidad de integración con diversos sistemas domésticos inteligentes. Estos dispositivos actúan como ejes centrales para el control activado por voz en tu casa, permitiéndote gestionar todo, desde tu lista de reproducción de música hasta tu termostato, con sólo unos pocos comandos hablados.

Elegir el dispositivo controlado por voz adecuado a menudo se reduce a tus necesidades específicas y al ecosistema en el que ya hayas invertido. Si eres usuario de los servicios y productos de Amazon, un Amazon Echo podría ser más beneficioso, ya que se integra perfectamente con Amazon Music, Audible y otros servicios de Amazon. Por otro lado, Google Home es ideal para quienes están muy metidos en el ecosistema de Google, utilizando servicios como Google Calendar, Google Maps y Google Play Music. Ambos dispositivos tienen iteraciones que incluyen pantallas, ofreciendo interacciones visuales con funciones como la reproducción de vídeo o las videollamadas, mejorando la funcionalidad más allá de los meros comandos de voz.

Una vez que hayas seleccionado tu dispositivo, el proceso de configuración está diseñado para que sea fácil de usar y garantice un comienzo sin problemas. En primer lugar, la colocación es crucial para un rendimiento óptimo. Coloca tu dispositivo en el centro de la habitación que más frecuentas, lejos de paredes y obstáculos para un mejor reconocimiento del sonido. Tanto Amazon Echo como Google Home requieren una conexión Wi-Fi estable, por lo que es esencial asegurarse de que tu red doméstica es fiable y robusta. Descarga la aplicación correspondiente -Alexa para Amazon Echo y Google Home para Google Home- en tu smartphone, que te guiará a través del proceso de conexión de tu dispositivo a Internet. Sigue las instrucciones de la aplicación para vincular tu dispositivo a tu red Wi-Fi e inicia sesión con tu cuenta de Amazon o Google para personalizar tu experiencia. Esta configuración inicial es crucial, ya que garantiza que tu dispositivo esté listo para responder con precisión a tus órdenes y pueda integrarse sin problemas con otros dispositivos inteligentes de tu casa.

Personalizar las funciones de IA en tu dispositivo controlado por voz puede mejorar significativamente su utilidad. Ambas plataformas te permiten configurar rutinas, que son esencialmente acciones automatizadas que se activan con órdenes específicas o a determinadas horas. Por ejemplo, puedes crear una rutina matutina que, con una sola orden de voz, encienda las luces, lea la previsión meteorológica del día y empiece a prepararte el café. Además, la integración de otros dispositivos inteligentes como termostatos, luces inteligentes y cámaras de seguridad permite tener una casa totalmente interconectada. El proceso de personalización implica explorar la sección de hogar inteligente en la app de tu dispositivo, donde puedes añadir y gestionar conexiones con otros dispositivos inteligentes. Configurarlos puede ser tan sencillo como activar habilidades en la app Alexa o vincular dispositivos en la app Google Home, lo que te permite controlar estos dispositivos mediante comandos de voz sin problemas.

Las consideraciones de seguridad son primordiales a la hora de integrar en tu casa dispositivos controlados por voz que funcionan con IA. Dado que estos dispositivos están siempre a la escucha de su palabra de despertador, existe una preocupación natural por la privacidad y la seguridad de los datos. Es esencial revisar y gestionar regularmente el historial de grabaciones de voz a través de las aplicaciones respectivas, donde puedes escuchar y borrar las grabaciones. Tanto Amazon como Google ofrecen opciones para desactivar manualmente el micrófono de sus dispositivos, que puedes utilizar en momentos de intimidad. Además, asegúrate de que la red Wi-Fi de tu casa es segura utilizando contraseñas fuertes y únicas y activando la encriptación de la red, que añade una capa adicional de seguridad contra infracciones externas. También es crucial actualizar regularmente el software de tu dispositivo y las aplicaciones asociadas, ya que estas actualizaciones suelen incluir mejoras de seguridad que protegen tu información personal.

A medida que te adentras en el mundo del control por voz potenciado por IA, adoptar las capacidades de estos dispositivos puede mejorar significativamente tus rutinas diarias, ofreciendo comodidad y un toque de magia a tus interacciones habituales con la tecnología en casa. Si comprendes el proceso de configuración, personalizas las funciones para adaptarlas a tu estilo de vida y aplicas las mejores prácticas de seguridad, podrás aprovechar al máximo las ventajas de tus dispositivos controlados por voz, garantizando al mismo tiempo la protección de tus datos.

3.6 PROYECTOS DIY DE INTELIGENCIA ARTIFICIAL PARA LA AUTOMATIZACIÓN DEL HOGAR

Introducir la inteligencia artificial en tu espacio vital no tiene por qué ser desalentador ni excesivamente técnico. De hecho, con las tecnologías accesibles de hoy en día, crear un proyecto de domótica DIY puede ser una aventura emocionante y gratificante. Exploremos algunos proyectos sencillos que incorporan la IA a tu casa, haciéndola más inteligente y sensible a tus necesidades.

Ideas de proyectos

Un buen punto de partida para integrar la IA en tu casa es a través de proyectos como un termostato inteligente o cámaras de seguridad con IA. Un termostato inteligente puede aprender de tus hábitos y ajustar la calefacción y la refrigeración de tu casa para un confort y una eficiencia óptimos. Por ejemplo, puede bajar la calefacción automáticamente cuando te vas a trabajar y volver a subirla justo antes de que vuelvas. Del mismo modo, las cámaras de seguridad con IA pueden mejorar la seguridad de tu casa distinguiendo entre familiares conocidos y extraños, y enviando alertas sólo cuando se detecte actividad inusual. Estos proyectos no sólo te introducen en las ventajas prácticas de la domótica, sino que también te permiten vislumbrar el potencial de la IA para adaptarse y responder a los patrones únicos de tu hogar.

Herramientas y recursos

Para empezar con estos proyectos, necesitarás algunas herramientas y recursos básicos. El corazón de muchos proyectos DIY de IA es un microcontrolador como Raspberry Pi o Arduino, que sirve como cerebro de tu sistema de automatización. Estos microcontroladores son potentes, rentables y cuentan con el apoyo de una gran comunidad de entusiastas y expertos cuyas ideas y ejemplos de código pueden ser increíblemente útiles. Junto al microcontrolador, necesitarás varios sensores, dependiendo de tu proyecto: sensores de temperatura para un termostato inteligente, o sensores de movimiento para cámaras de seguridad. Además, necesitarás componentes electrónicos básicos como resistencias, cables y protoboards, disponibles en kits de iniciación de proveedores de electrónica. En cuanto al software, plataformas como Python, junto con bibliotecas como TensorFlow u OpenCV, son excelentes para integrar capacidades de IA. Estas herramientas proporcionan el marco necesario para programar tus dispositivos e incorporar modelos de aprendizaje automático que permitan a tus proyectos aprender y adaptarse con el tiempo.

Instrucciones paso a paso

Vamos a configurar un sencillo termostato con IA. En primer lugar, monta tu Raspberry Pi, conectándola a una fuente de alimentación y a una pantalla. Instala el sistema operativo Raspbian y asegúrate de que está conectado a Internet. A continuación, conecta un sensor de temperatura a los pines GPIO (General Purpose Input Output) de la Raspberry Pi. Puedes encontrar tutoriales en Internet para conocer los detalles del cableado. Una vez configurado el hardware, escribe un script en Python que lea la temperatura del sensor y decida si enciende o apaga la calefacción. Para añadir inteligencia artificial, puedes utilizar un algoritmo de aprendizaje automático que prediga los ajustes óptimos de temperatura en función de la hora del día, las preferencias históricas e incluso las condiciones meteorológicas externas. Entrena tu modelo con datos que recopiles a lo largo del tiempo o simula datos para empezar. Por último, implementa este modelo en tu script Python para que tu termostato pueda ajustar automáticamente su configuración de la forma más eficiente y cómoda.

Solución de problemas comunes

Al aventurarte en proyectos de bricolaje, es posible que te encuentres con algunos baches por el camino. Entre los problemas más comunes están un cableado incorrecto, fallos de software o imprecisiones en los datos. Si tu termostato inteligente no responde como esperabas, comprueba las conexiones y asegúrate de que los sensores funcionan correctamente. En tu software, depura comprobando los registros en busca de mensajes de error que puedan darte pistas sobre lo que puede estar mal. Si el problema reside en el modelo de IA, asegúrate de que tus datos de entrenamiento son precisos y representativos de las condiciones en las que funcionará el modelo. Los foros y comunidades en línea sobre Raspberry Pi, Python y aprendizaje automático son recursos inestimables, que ofrecen consejos y soluciones de personas que probablemente se han enfrentado a retos similares.

Embarcarte en proyectos DIY de IA no sólo mejora tu espacio vital, sino que también profundiza en tu comprensión de cómo funcionan las tecnologías de IA en un contexto práctico. Estos proyectos tienden un puente entre el conocimiento teórico y la aplicación en el mundo real, mostrándote de primera mano cómo se puede personalizar e integrar la IA en la vida cotidiana. Al tomar la iniciativa de construir y solucionar problemas de tus propios sistemas de IA, desarrollas habilidades técnicas y una mentalidad de resolución de problemas crucial en la era de la tecnología.

Al cerrar este capítulo sobre proyectos prácticos de IA, recuerda que el camino del aprendizaje y la construcción con IA es iterativo y dinámico. Cada proyecto mejora tu comprensión y tus habilidades, preparándote para retos más complejos. A continuación, exploraremos las consideraciones éticas de la IA, asegurándonos de que, a medida que nos volvemos más competentes en la aplicación de soluciones de IA, también permanecemos vigilantes y reflexivos sobre sus implicaciones para la privacidad, la seguridad y la sociedad.

4

CONSIDERACIONES ÉTICAS EN LA IA

A medida que nos adentramos en la inteligencia artificial, resulta cada vez más importante abordar las dimensiones éticas que acompañan a los avances tecnológicos. La IA no trata sólo de algoritmos y datos; trata de implicaciones del mundo real que afectan a personas reales. Este capítulo profundiza en el tema crítico de la privacidad de los datos en las aplicaciones de la IA, un tema que resuena profundamente en cualquier persona que utilice la tecnología hoy en día. Aquí exploraremos lo que significa la privacidad de los datos en el contexto de la IA, los riesgos que conlleva, las tecnologías diseñadas para mejorar la privacidad y algunos casos prácticos del mundo real que ponen de relieve los retos y las soluciones en este ámbito.

4.1 COMPRENDER LA PRIVACIDAD DE LOS DATOS EN LAS APLICACIONES DE IA

Definir la privacidad de los datos

La privacidad de los datos en la IA se refiere al derecho de las personas a controlar su información personal y cómo la utilizan los sistemas de IA. Se trata de garantizar que los datos personales, desde tus preferencias de compra hasta tu historial médico, se utilicen respetando tu privacidad y autonomía. En el contexto de la IA, la privacidad de los datos no consiste sólo en mantenerlos a salvo de accesos no autorizados, sino también en cómo se recopilan, analizan y utilizan para tomar decisiones. Esto es fundamental porque la IA puede procesar grandes cantidades de datos a una escala y velocidad sin precedentes, lo que la convierte en una poderosa herramienta que, si no se gobierna adecuadamente, podría vulnerar los derechos de privacidad de las personas.

Riesgos asociados a la IA

La integración de la IA en las aplicaciones cotidianas conlleva varios riesgos para la privacidad. Una de las principales preocupaciones son las violaciones de datos, donde la información sensible podría quedar expuesta debido a vulnerabilidades de seguridad. Otro riesgo es el intercambio de datos no autorizado, donde los sistemas de IA podrían compartir datos con terceros sin el consentimiento del usuario. Además, existe el riesgo de la vigilancia, en la que la IA podría utilizarse para vigilar a las personas sin su conocimiento o consentimiento. Estos riesgos no son sólo hipotéticos; tienen consecuencias reales, que afectan a todo, desde la seguridad personal hasta la confianza pública en las tecnologías de IA.

Tecnologías para mejorar la privacidad

Para combatir estos riesgos, se han desarrollado varias tecnologías de mejora de la privacidad. La privacidad diferencial, por ejemplo, añade aleatoriedad a los datos que procesan los sistemas de IA, dificultando la identificación de puntos de datos individuales sin afectar a la visión analítica general. Esto significa que un sistema de IA puede aprender sobre patrones generales sin acceder a datos individuales específicos. Otro método es el aprendizaje federado, en el que los modelos de IA se entrenan en múltiples dispositivos o servidores descentralizados sin intercambiar los datos en sí. Esta técnica permite que la IA aprenda a partir de un vasto conjunto de datos, manteniendo los datos almacenados localmente en los dispositivos de los usuarios, lo que mejora la privacidad.

Casos prácticos

Pensemos en el caso de una popular aplicación de seguimiento del estado físico que utilizaba la IA para proporcionar información personalizada sobre la salud. La aplicación recopilaba datos sobre la ubicación, los parámetros de salud y las actividades diarias de los usuarios. Sin embargo, un fallo en la configuración de privacidad de la aplicación permitió a terceros acceder a datos sanitarios confidenciales sin el consentimiento del usuario. Este incidente podría haberse mitigado aplicando un cifrado de datos más potente y mecanismos de consentimiento del usuario más transparentes. Analizando estos casos, aprendemos la importancia de unas protecciones sólidas de la privacidad y la necesidad de una vigilancia continua para adaptarse a las nuevas amenazas.

Elemento interactivo: Sección de reflexión

Reflexiona sobre tus experiencias con la IA y la privacidad de los datos. ¿Alguna vez te has sentido incómodo por la información que una aplicación o un dispositivo recopilaba sobre ti? Escribe tus pensamientos y considera qué protecciones de la privacidad te gustaría que existieran para sentirte más seguro al utilizar tecnologías de IA.

Mientras navegamos por las complejidades de la IA y la privacidad de los datos, está claro que garantizar el uso ético de la IA no consiste sólo en proteger los datos, sino en mantener la confianza y la integridad en las tecnologías que se están convirtiendo en parte integral de nuestra vida cotidiana. Esta exploración de la privacidad de los datos sienta las bases para un debate más amplio sobre los retos éticos a los que nos enfrentamos en la era de la IA, recordándonos que detrás de cada conjunto de datos y algoritmo hay personas cuyos derechos y dignidad deben defenderse.

4.2 EL PROBLEMA DEL SESGO EN LA IA: CAUSAS Y SOLUCIONES

Cuando hablamos de sesgo en la inteligencia artificial, nos referimos a la discriminación sistemática e injusta que pueden perpetuar los sistemas de IA. Esto puede parecer sorprendente porque muchos piensan que la tecnología es objetiva o neutral. Sin embargo, los sistemas de IA aprenden de grandes conjuntos de datos con los que se entrenan, y estos conjuntos de datos pueden contener sesgos que reflejen desigualdades históricas, sociales o culturales. A veces, los propios algoritmos que procesan y aprenden de estos datos pueden amplificar estos sesgos, en lugar de mitigarlos. Además, los equipos que diseñan, desarrollan y despliegan los sistemas de IA también pueden introducir sesgos, a menudo involuntariamente, al influir en qué datos utilizar y cómo se estructuran los algoritmos.

Los orígenes del sesgo en la IA son polifacéticos. A nivel de los datos, el sesgo puede surgir durante el proceso de recopilación del conjunto de datos, en el que los datos pueden no representar a todos los grupos. Por ejemplo, si un sistema de IA se entrena principalmente con datos de usuarios masculinos, puede que no funcione tan bien con usuarios femeninos. Este tipo de sesgo se conoce como sesgo de muestra. Otra fuente habitual es el sesgo de etiqueta, que se produce durante el proceso de etiquetado de los datos, cuando las etiquetas asignadas a los datos reflejan creencias subjetivas o erróneas. El sesgo algorítmico se produce cuando los algoritmos utilizados para procesar los datos y tomar decisiones crean sesgos debido a su mecánica subyacente o a la forma en que están programados. Por último, el sesgo del desarrollador incluye las ideas preconcebidas y las suposiciones de quienes crean los sistemas de IA, que pueden influir en cómo se plantean los problemas y qué soluciones se persiguen.

Estos sesgos pueden conducir a resultados injustos y a la discriminación, sobre todo en ámbitos delicados como las prácticas de contratación y el cumplimiento de la ley. En la contratación, las herramientas de IA pueden filtrar currículos y predecir la idoneidad de los candidatos. Sin embargo, si la IA ha aprendido de datos históricos de contratación que reflejan prejuicios de género o étnicos, puede perpetuar estos prejuicios favoreciendo a candidatos de determinados grupos en detrimento de otros. En la aplicación de la ley, las herramientas policiales predictivas pueden sugerir dónde es probable que se produzcan delitos basándose en datos de delitos anteriores. Sin embargo, si los datos subyacentes están sesgados -reflejan tasas de detenciones más elevadas en determinadas comunidades debido a un exceso de vigilancia-, estas herramientas pueden conducir a una selección injusta de estas comunidades, exacerbando las desigualdades sociales.

Se pueden emplear varias estrategias para mitigar el sesgo en la IA. Un enfoque eficaz es garantizar la diversidad en el equipo que diseña y desarrolla los sistemas de IA. Un equipo diverso puede proporcionar una serie de perspectivas que pueden ayudar a identificar y reducir los sesgos que podrían no ser evidentes para un grupo más homogéneo. Otra estrategia crucial es realizar auditorías periódicas de los prejuicios. Estas auditorías consisten en revisar sistemáticamente los sistemas de IA para detectar y abordar los sesgos en los conjuntos de datos, los algoritmos y los resultados. Además, la adopción de prácticas de datos inclusivas -como garantizar que los datos sean representativos y las etiquetas precisas- puede ayudar a evitar que los sesgos se introduzcan en los sistemas de IA a nivel de datos.

Los marcos normativos y éticos también desempeñan un papel fundamental en la gestión del sesgo de la IA. Muchos gobiernos y organismos internacionales están elaborando directrices y reglamentos que exigen transparencia e imparcialidad en las aplicaciones de la IA. Estas normativas a menudo exigen evaluaciones periódicas de los sesgos y dictan que las personas afectadas por las decisiones de la IA tienen derecho a una explicación. Por ejemplo, el Reglamento General de Protección de Datos (RGPD) de la Unión

Europea incluye disposiciones destinadas a proteger a las personas de las decisiones automatizadas injustas. Estos marcos no sólo ayudan a prevenir la parcialidad, sino que también fomentan la confianza pública en las tecnologías de IA, garantizando que se utilicen de forma responsable.

Al abordar el problema de la parcialidad en la IA, es importante reconocer que la tecnología refleja los valores de la sociedad en la que se desarrolla. Como tal, el reto de la parcialidad en la IA no consiste sólo en mejorar los algoritmos, sino también en abordar las desigualdades sociales más amplias que reflejan. Si comprendemos los orígenes y las manifestaciones del sesgo de la IA y aplicamos estrategias integrales para combatirlo, podremos aprovechar las ventajas de la IA y, al mismo tiempo, garantizar que satisface las necesidades de todos los miembros de la sociedad de forma justa.

4.3 LA IA ÉTICA: EQUILIBRAR LA INNOVACIÓN CON LA RESPONSABILIDAD

Cuando hablamos de IA ética, nos referimos al desarrollo y la aplicación de las tecnologías de IA de forma que se tengan en cuenta los principios y valores morales. Principios clave como la transparencia, la responsabilidad y la prevención de daños sustentan la IA ética. La transparencia en la IA garantiza que las operaciones y decisiones tomadas por los sistemas de IA puedan ser comprendidas por los humanos, permitiéndonos rastrear y entender cómo se llega a las conclusiones. La rendición de cuentas se refiere a la responsabilidad de los creadores y operadores de los sistemas de IA para garantizar que funcionan de forma justa y que responden de cualquier fallo. Por último, la prevención de daños implica medidas para garantizar que los sistemas de IA no causen daños involuntarios a las personas o a la sociedad. Estos principios son esenciales para generar confianza en los sistemas de IA y garantizar que contribuyen positivamente a la sociedad.

Sin embargo, el camino hacia una IA verdaderamente ética está plagado de retos, sobre todo debido al rápido ritmo de la innovación en IA. Los avances tecnológicos a menudo tienen que mejorar la capacidad de las normativas y directrices éticas para seguir el ritmo, creando lagunas que pueden dar lugar a dilemas éticos. Por ejemplo, las presiones competitivas de la industria tecnológica pueden llevar a las empresas a dar prioridad a la velocidad de comercialización sobre las revisiones éticas exhaustivas, pasando por alto potencialmente cómo afectan las aplicaciones de IA a la privacidad o la equidad de los usuarios. Las demandas del mercado, como el impulso de servicios más personalizados, también pueden fomentar el uso de sistemas de IA de formas que podrían comprometer las normas éticas, a menos que se gestionen con cuidado.

Promover prácticas éticas en el desarrollo y despliegue de la IA es crucial y requiere esfuerzos concertados de todas las partes implicadas. Un enfoque eficaz es la realización de auditorías éticas, en las que se examinan periódicamente los sistemas de IA para garantizar que cumplen las normas y reglamentos éticos. Estas auditorías ayudan a identificar posibles problemas éticos desde el principio, lo que permite a los desarrolladores abordarlos antes de que se desplieguen los sistemas. Comprometerse con las partes interesadas, incluidos los desarrolladores de IA, los usuarios y las personas potencialmente afectadas por los sistemas de IA, es otra estrategia clave. Este compromiso puede facilitarse mediante consultas públicas y foros que permitan plantear y abordar una amplia gama de opiniones y preocupaciones, garantizando que los sistemas de IA se desarrollen teniendo en cuenta una amplia gama de valores humanos.

Las perspectivas globales sobre la IA ética ponen de manifiesto la diversidad de formas en que las distintas culturas y países abordan la ética de la IA. Por ejemplo, la Unión Europea ha adoptado un enfoque proactivo estableciendo directrices claras que dan prioridad a la privacidad del usuario y a la protección de datos. En cambio, otras regiones podrían hacer hincapié en la innovación y los beneficios económicos de la IA, lo que podría dar lugar a prioridades y normas éticas diferentes. Esta variación plantea un reto para la cooperación mundial en materia de ética de la IA, ya que las empresas multinacionales pueden tener que navegar por un complejo panorama de normativas y expectativas éticas. Sin embargo, también presenta una oportunidad para el aprendizaje y la armonización de normas éticas que reflejen una amplia gama de valores culturales y necesidades sociales.

Comprender e integrar estas diversas perspectivas es esencial para el desarrollo de sistemas de IA que no sólo sean tecnológicamente avanzados, sino también socialmente responsables. A medida que la IA sigue evolucionando e impregnando diversos aspectos de nuestras vidas, equilibrar la innovación con la responsabilidad ética es más crucial que nunca. Garantiza que las tecnologías de IA mejoren el bienestar social al tiempo que respetan la dignidad y los derechos humanos, allanando el camino hacia un futuro en el que la IA y la humanidad puedan coexistir en armonía y beneficio mutuo.

4.4 IA Y EMPLEO: ABORDAR LOS TEMORES AL DESPLAZAMIENTO LABORAL

El auge de la inteligencia artificial ha suscitado intensos debates sobre su impacto en el empleo, a menudo arrojando una sombra de temor sobre el posible desplazamiento de puestos de trabajo. Si bien es cierto que la IA puede automatizar tareas, es igualmente importante comprender que esta tecnología no sólo sustituye puestos de trabajo, sino que los transforma. En sectores como la fabricación, el comercio minorista e incluso los servicios profesionales como la abogacía y la contabilidad, la IA está remodelando las funciones laborales en lugar de simplemente erradicarlas. En la fabricación, por ejemplo, los robots controlados por IA se encargan de tareas repetitivas, lo que permite a los trabajadores humanos de centrarse en tareas más complejas y creativas de resolución de problemas. Este cambio no sólo aumenta la productividad, sino que también eleva la naturaleza del trabajo, exigiendo un nuevo conjunto de habilidades.

La transformación de los puestos de trabajo subraya la importancia de mejorar y reciclar las cualificaciones de la mano de obra para prosperar en un mercado laboral potenciado por la IA. La mejora de las cualificaciones se refiere al proceso por el que las personas aprenden nuevas habilidades para destacar en sus funciones actuales, mientras que la renovación de las cualificaciones consiste en formar a los empleados en conjuntos de habilidades totalmente nuevos para funciones diferentes. Las iniciativas eficaces de mejora y reciclaje son cruciales para garantizar que la mano de obra pueda satisfacer las demandas de un panorama laboral en evolución configurado por la IA. Por ejemplo, el ambicioso programa de reciclaje de AT&T, "Future Ready", está diseñado para dotar a sus empleados de las habilidades necesarias en una economía digital, ofreciendo cursos de ciencia de datos, ciberseguridad y más. Del mismo modo, el programa "Upskilling 2025" de Amazon se compromete a invertir importantes recursos en la formación de sus trabajadores en áreas como la ingeniería de software y el aprendizaje automático. Estos programas preparan a los empleados para las demandas futuras y demuestran un compromiso con la longevidad y el éxito de su plantilla.

La IA también crea nuevas categorías laborales y oportunidades económicas que antes no existían. La aparición de funciones como los responsables de ética de la IA, que garantizan que las tecnologías de IA se utilicen de forma responsable, y los especialistas en anotación de datos, que preparan los datos para el entrenamiento de la IA, reflejan los nuevos tipos de empleo generados por los avances de la IA. Estas funciones son cruciales en el ecosistema de desarrollo y despliegue de la IA, lo que subraya la capacidad de la tecnología para crear oportunidades de empleo en lugar de simplemente disminuirlas. Además, la necesidad de especialistas en colaboración entre humanos e IA se está haciendo patente a medida que las empresas tratan de optimizar la interacción entre los trabajadores humanos y los sistemas de IA. Esta función implica diseñar flujos de trabajo e interfaces que ayuden a los humanos y a la IA a trabajar juntos de forma eficaz, garantizando que las herramientas de IA mejoren la productividad y la satisfacción laboral.

En medio de estos cambios, es esencial considerar políticas sociales que puedan mitigar los efectos negativos de la IA sobre el empleo. Políticas como la renta básica universal (RBU) proponen proporcionar a todos los ciudadanos una suma de dinero regular e incondicional, independientemente de otros ingresos. Este tipo de política podría ayudar a amortiguar el impacto económico sobre las personas cuyos puestos de trabajo se ven desplazados por la IA, proporcionándoles estabilidad financiera mientras realizan la transición a nuevas funciones o buscan reciclaje profesional. Del mismo modo, los programas de garantía de empleo podrían ofrecer una red de seguridad asegurando que todo el que quiera trabajar tenga acceso a un empleo que pague un salario digno, potencialmente financiado o subvencionado por iniciativas gubernamentales. Estas políticas no sólo proporcionan un alivio financiero inmediato, sino que también ayudan a mantener la estabilidad social y estimulan el crecimiento económico al impulsar el gasto de los consumidores.

A medida que la IA sigue evolucionando e integrándose en diversos sectores, la narrativa en torno a la IA y el empleo debe pasar del miedo a la oportunidad. Centrándose en la transformación y creación de puestos de trabajo, invirtiendo activamente en iniciativas de mejora y reciclaje profesional, y aplicando políticas sociales de apoyo, la sociedad puede aprovechar las ventajas de la IA y garantizar al mismo tiempo que la mano de obra se adapte y prospere en esta nueva era tecnológica. Este enfoque proactivo no sólo aliviará los temores al desplazamiento de puestos de trabajo, sino que también abrirá un abanico de oportunidades que podrían redefinir para mejor los panoramas profesionales y las estructuras económicas.

4.5 EL PAPEL DE LA IA EN LA VIGILANCIA: UN ARMA DE DOBLE FILO

En el mundo interconectado y digitalizado de hoy, la inteligencia artificial se ha convertido en un aliado fundamental para mejorar los sistemas de vigilancia y seguridad. La capacidad de la IA para procesar y analizar grandes cantidades de datos en tiempo real ha mejorado significativamente la seguridad pública y la prevención de la delincuencia. Piensa en las sofisticadas cámaras de seguridad equipadas con tecnologías de IA que pueden detectar actividades inusuales o reconocer rostros en una multitud. Estos sistemas funcionan continuamente, buscando amenazas potenciales y alertando a las autoridades de comportamientos sospechosos que podrían indicar actividades delictivas. Estas capacidades permiten responder más rápidamente a los incidentes, deteniendo potencialmente los delitos antes de que se produzcan o mitigando rápidamente sus consecuencias. Por ejemplo, en las ciudades en las que se han implantado estos sistemas, se ha producido un notable descenso de los delitos callejeros, ya que los delincuentes potenciales son conscientes de la alta probabilidad de ser detenidos.

Sin embargo, el poder de la IA en la vigilancia también plantea importantes problemas de privacidad. Las mismas tecnologías que contribuyen a la seguridad de los espacios también pueden inmiscuirse en la intimidad de las personas. Los sistemas de vigilancia, sobre todo los que tienen capacidad de reconocimiento facial, pueden rastrear a las personas sin su consentimiento, recopilando datos sobre sus movimientos y actividades. Este tipo de vigilancia puede conducir a una importante erosión de la intimidad personal y de las libertades civiles, creando una sociedad en la que todo el mundo puede sentirse vigilado, sofocando potencialmente la libertad de expresión y de comportamiento. Es un escenario clásico de un arma de doble filo, en el que los beneficios de una mayor seguridad se ven contrarrestados por los riesgos de una mayor vigilancia y una posible extralimitación.

Navegar por este panorama requiere normativas estrictas para equilibrar eficazmente estos beneficios y riesgos. Los gobiernos y los organismos reguladores deben establecer directrices claras sobre cómo pueden utilizarse los sistemas de vigilancia de IA, garantizando que mejoran la seguridad sin infringir los derechos individuales. Esto incluye establecer límites sobre qué tipos de datos pueden recopilarse, cuánto tiempo pueden almacenarse y quién puede acceder a ellos. Además, debe haber transparencia en el despliegue de las tecnologías de vigilancia, dando al público información sobre cuándo y cómo se utilizan estas herramientas, lo que ayuda a mantener la confianza pública. Por otra parte, las personas deben tener derecho a acceder a los datos recogidos sobre ellas y a solicitar correcciones o supresiones si esos datos son inexactos o se han recogido indebidamente.

Veamos un caso práctico que subraya la necesidad de medidas reguladoras equilibradas. En una conocida cadena minorista, se utilizaron cámaras potenciadas por IA para evitar los hurtos analizando el comportamiento de los clientes en busca de actividades sospechosas. Aunque la tecnología redujo eficazmente los hurtos, también señaló erróneamente comportamientos inocentes como sospechosos, lo que provocó enfrentamientos injustificados y una protesta pública por violación de la intimidad. Esta situación podría haberse mitigado aplicando directrices más estrictas sobre los comportamientos que se controlan y asegurándose de que un supervisor humano revisara las evaluaciones de la IA antes de emprender cualquier acción. Este caso pone de relieve el delicado equilibrio entre utilizar la IA para la seguridad y mantener unas normas éticas que protejan la privacidad individual.

Navegar por las complejidades de la IA en la vigilancia es una tarea delicada. Aunque la IA ofrece potenciales transformadores para mejorar la seguridad, las implicaciones para la privacidad y las libertades civiles son significativas. Establecer marcos normativos sólidos y mantener un diálogo abierto sobre el uso ético de las tecnologías de vigilancia son pasos cruciales para aprovechar las ventajas de la IA, salvaguardando al mismo tiempo los valores fundacionales de la privacidad y la libertad. A medida que sigamos explorando e implantando la IA en diversos aspectos de la vida, comprender y abordar estos aspectos duales de la vigilancia de la IA será esencial para construir una sociedad que respete tanto la seguridad como los derechos individuales.

4.6 GARANTIZAR LA TRANSPARENCIA DE LOS ALGORITMOS DE IA

La transparencia en los algoritmos de IA no es sólo un detalle: es una necesidad para fomentar la confianza y la responsabilidad en los sistemas que influyen cada vez más en nuestra vida cotidiana. Cuando las decisiones de la IA afectan a todo, desde las puntuaciones de crédito individuales hasta los planes de tratamiento sanitario, resulta crucial comprender cómo se toman estas decisiones. Los sistemas de IA transparentes permiten a los usuarios y a los reguladores verificar que estos sistemas funcionan de forma justa y sin prejuicios, garantizando que las acciones de la IA puedan justificarse y, si es necesario, corregirse. Este nivel de apertura es esencial no sólo para generar confianza, sino también para facilitar una adopción más amplia de las tecnologías de IA en sectores sensibles.

Lograr la transparencia en la IA implica varias metodologías que hagan más comprensible y accesible el funcionamiento interno de los sistemas de IA. Los modelos de código abierto son un paso importante hacia este objetivo. Al poner a disposición del público el código y los algoritmos de los sistemas de IA, las iniciativas de código abierto fomentan un enfoque colaborativo del desarrollo, en el que una comunidad diversa de desarrolladores, especialistas en ética y usuarios pueden revisar, modificar y mejorar los sistemas de IA. Esta apertura no sólo democratiza el desarrollo de la IA, sino que también acelera la innovación y ayuda a identificar y rectificar rápidamente los posibles fallos o sesgos de los sistemas.

Además, una documentación clara desempeña un papel fundamental en la mejora de la transparencia. Una documentación detallada que explique cómo se construyen, entrenan y despliegan los modelos de IA ayuda a los usuarios a comprender las decisiones tomadas por la IA. Debe incluir información sobre los datos utilizados para entrenar los modelos, los procesos de toma de decisiones y la lógica que subyace a estos procesos. Por ejemplo, los profesionales sanitarios que utilizan sistemas de IA para el diagnóstico de pacientes pueden beneficiarse enormemente de una documentación clara que explique cómo llega la IA a sus conclusiones, lo que a su vez puede ayudar a explicar estas decisiones a los pacientes.

La IA explicable (XAI) es otro campo floreciente que se centra en crear modelos de IA que no sólo tomen decisiones, sino que también proporcionen explicaciones comprensibles para los humanos. Las técnicas de la XAI, como la importancia de las características, que destaca qué entradas influyen más significativamente en el resultado de un modelo de IA, ayudan a desmitificar los procesos de toma de decisiones de los sistemas de IA. Esto es especialmente útil en sectores como el financiero, donde comprender los factores que influyen en cosas como la aprobación de un préstamo puede ayudar a garantizar la equidad y eliminar los sesgos ocultos.

Sin embargo, la aplicación de la transparencia en la IA no está exenta de dificultades. Técnicamente, crear modelos que sean a la vez precisos e interpretables puede ser a menudo una tarea compleja. Los modelos de IA más potentes, como los que implican aprendizaje profundo, son notoriamente difíciles de interpretar debido a sus estructuras complejas y estratificadas. Equilibrar el rendimiento del modelo con la interpretabilidad a menudo requiere enfoques innovadores y, en ocasiones, puede dar lugar a compensaciones. Desde un punto de vista empresarial, las empresas pueden resistirse a la transparencia por miedo a revelar información privada o conocimientos competitivos. Superar estos obstáculos requiere un cambio cultural hacia la valoración de las prácticas éticas y la transparencia dentro de las organizaciones, junto con incentivos normativos que promuevan una IA abierta y explicable.

El impacto de una mayor transparencia en la IA es profundo, sobre todo en sectores como la sanidad y las finanzas, donde las decisiones pueden tener consecuencias importantes. En la atención sanitaria, los sistemas de IA transparentes permiten obtener mejores resultados para los pacientes, al proporcionar una justificación clara de los diagnósticos generados por la IA, que los médicos pueden utilizar para tomar decisiones de tratamiento con conocimiento de causa. En las finanzas, la transparencia ayuda a generar confianza entre los clientes, que pueden desconfiar de que los sistemas de IA determinen su solvencia o gestionen sus inversiones. Al comprender cómo se toman estas decisiones, es más probable que los clientes confíen y acepten el papel de la IA en la gestión de sus finanzas.

En esencia, la transparencia es la piedra angular de la IA ética. Garantiza que los sistemas de IA no sólo sean eficaces y eficientes, sino también justos, comprensibles y responsables. A medida que sigamos integrando la IA en diversas facetas de nuestras vidas, luchar por la transparencia en los algoritmos de IA será crucial para garantizar que estas tecnologías trabajen a nuestro favor y no en nuestra contra. Este compromiso con la transparencia no sólo mejora la funcionalidad y la aceptación de la IA, sino que también alinea su desarrollo con los valores fundamentales de la sociedad, allanando el camino para un futuro en el que la IA y los seres humanos colaboren con confianza y seguridad.

Al concluir este capítulo sobre las consideraciones éticas en la IA, reflexionamos sobre el imperativo de integrar prácticas éticas sólidas en el desarrollo y despliegue de las tecnologías de IA. Las dimensiones éticas de la IA son amplias y complejas, desde garantizar la privacidad de los datos y reducir los prejuicios hasta mejorar la transparencia y abordar las repercusiones en el empleo. Sin embargo, también son de vital importancia para garantizar que las tecnologías de IA mejoren el bienestar de la sociedad, respetando al mismo tiempo la dignidad y los derechos humanos. De cara al futuro, el próximo capítulo explorará las apasionantes posibilidades de la IA en la transformación de las industrias, donde estas consideraciones éticas seguirán desempeñando un papel crucial en la configuración del desarrollo de la IA para la mejora de la sociedad.

LIBERA EL PODER DE LA GENEROSIDAD

"Compartir conocimientos es el acto más fundamental de la amistad. Porque es una forma de dar algo sin perder nada"

— *RICHARD STALLMAN*

Las personas que dan sin expectativas viven más tiempo, son más felices y ganan más dinero. Así que si tenemos una oportunidad de conseguirlo durante nuestro tiempo juntos, maldita sea, voy a intentarlo.

Para que eso ocurra, tengo una pregunta para ti...

¿Ayudarías a alguien que nunca has conocido, aunque nunca recibieras crédito por ello?

¿Quién es esta persona? Es como tú. O, al menos, como eras tú. Con menos experiencia, queriendo entender la IA y necesitando ayuda, pero sin saber dónde buscar.

Nuestra misión es hacer que la IA y el aprendizaje automático sean comprensibles para todos. Todo lo que hago se deriva de esa misión. Y la única forma de cumplir esa misión es llegar a... bueno... todo el mundo.

Aquí es donde entras tú. De hecho, la mayoría de la gente juzga un libro por su cubierta (y por sus reseñas). Así que aquí va mi petición en nombre de un estudiante con dificultades que nunca has conocido:

Por favor, ayuda a ese aprendiz dejando una reseña de este libro.

Tu donativo no cuesta dinero y se hace realidad en menos de 60 segundos, pero puede cambiar la vida de un compañero para siempre. Tu reseña podría ayudar a...

> ...un estudiante más entiende la IA.
> ...un padre más explica la tecnología a sus hijos.
> ...un profesor más inspira su clase.
> ...una persona más simplifica su vida con la IA.
> ...un sueño más de dominar la IA hecho realidad.

Para tener esa sensación de "sentirse bien" y ayudar a esta persona de verdad, todo lo que tienes que hacer es... y te llevará menos de 60 segundos... dejar una opinión.

Sólo tienes que escanear el código QR que aparece a continuación para dejar tu opinión:

Si te sientes bien ayudando a un aprendiz sin rostro, eres mi tipo de persona. Bienvenido al club. Eres de los nuestros.

Estoy muy emocionado por ayudarte a comprender la IA y el aprendizaje automático más fácilmente de lo que puedas imaginar. Te encantarán las lecciones y estrategias que voy a compartir en los próximos capítulos.

Gracias de todo corazón. Ahora, volvamos a nuestra programación habitual.

- Tu mayor admirador, Samuel Thorpe

PD - Dato curioso: si proporcionas algo de valor a otra persona, eso te hace más valioso para ella. Si quieres que otra persona te haga un favor, y crees que este libro le ayudará, envíale este libro.

5
IA PARA EL CRECIMIENTO PERSONAL Y PROFESIONAL

5.1 HABILIDADES DE IA PARA EL LUGAR DE TRABAJO: LO QUE BUSCAN LOS EMPRESARIOS

En el mercado laboral actual, en rápida evolución, comprender y aprovechar las tecnologías de IA es cada vez más crucial, no sólo para los profesionales de la tecnología, sino en diversos sectores. Tanto si te dedicas a la sanidad, las finanzas o las artes, la infusión de la IA en los procesos empresariales cotidianos está reconfigurando el panorama profesional y creando nuevas oportunidades para los expertos en estas habilidades. Exploremos las habilidades esenciales de la IA que están ganando terreno en el lugar de trabajo y cómo puedes integrar estas competencias en tu función actual para mantenerte a la cabeza de tu carrera.

Habilidades esenciales en IA

El aprendizaje automático, el procesamiento del lenguaje natural (PLN) y la robótica representan sólo la punta del iceberg en lo que se refiere a las habilidades de IA que los empresarios buscan con avidez. La experiencia en aprendizaje automático, por ejemplo, es muy valorada a medida que las empresas dependen más de la toma de decisiones basada en datos. Comprender cómo crear, entrenar y aplicar modelos que puedan predecir el comportamiento de los consumidores, optimizar las operaciones e incluso impulsar el crecimiento estratégico puede convertirte en un activo inestimable para cualquier equipo. Del mismo modo, las habilidades en PNL son cruciales, ya que las empresas buscan mejorar las interacciones con los clientes a través de chatbots y herramientas de comunicación basadas en IA. El dominio de la PNL puede permitirte mejorar estas interacciones, haciendo que la comunicación digital sea más humana e intuitiva. Los conocimientos de robótica también están muy solicitados, sobre todo en sectores como la fabricación, la logística y la sanidad, donde la automatización es cada vez más frecuente.

Integrar estas habilidades de IA en tu trabajo actual no significa empezar de cero o salir de tu puesto. Por el contrario, implica reconocer cómo la IA puede mejorar tu eficacia y valor dentro de tu puesto actual. Por ejemplo, si trabajas en marketing, comprender el aprendizaje automático podría permitirte analizar mejor los datos de los clientes y personalizar las campañas de marketing. Si te dedicas a las finanzas, los conocimientos de análisis predictivo podrían ayudarte a prever las tendencias del mercado con mayor precisión. La clave es identificar los puntos de contacto en los que la IA se cruza con tu función y buscar oportunidades de formación y desarrollo en esas áreas.

Casos prácticos de adopción de la IA en el lugar de trabajo

Consideremos el caso de una empresa minorista que integró la IA para personalizar las experiencias de compra. Empleando a especialistas en aprendizaje automático, la empresa pudo analizar los datos de los clientes y ofrecerles recomendaciones personalizadas, lo que impulsó significativamente las ventas y la satisfacción de los clientes. Otro ejemplo es una empresa de logística que utilizó la robótica para automatizar sus operaciones de almacén. Al formar a su plantilla en la gestión y el mantenimiento de la robótica, la empresa no sólo aumentó la eficiencia, sino que también mejoró las aptitudes de sus empleados, preparándolos para funciones más avanzadas en el sector.

Recursos para el desarrollo de habilidades de IA

Para quienes deseen desarrollar habilidades de IA, existen numerosos recursos que se adaptan a diversos estilos de aprendizaje y necesidades profesionales. Plataformas online como Coursera y Udacity ofrecen cursos de aprendizaje automático, PNL y robótica, a menudo desarrollados en colaboración con universidades y empresas líderes. Estos cursos abarcan desde niveles principiantes hasta avanzados, y proporcionan certificaciones que pueden añadir un valor significativo a tu currículum. Además, asistir a talleres y seminarios de IA puede proporcionarte experiencia práctica y oportunidades de establecer contactos con otros profesionales de la IA. Para una experiencia de aprendizaje más envolvente, considera los bootcamps de IA, que son programas de formación intensiva diseñados para desarrollar tus habilidades en un periodo breve y específico.

Elemento interactivo: Lista de control de las habilidades de IA

Para ayudarte a identificar y desarrollar las habilidades de IA más relevantes para tu carrera, aquí tienes una lista de comprobación que puedes utilizar:

- Identifica las habilidades de IA más relevantes para tu sector: Investiga y enumera las tecnologías de IA que afectan a tu sector.
- Evalúa tu nivel de habilidad actual: Evalúa honestamente tus conocimientos actuales sobre IA e identifica las áreas que debes mejorar.
- Establece objetivos de aprendizaje: Basándote en tu

evaluación, establece objetivos de aprendizaje específicos y mensurables.

- Elige los recursos adecuados: Selecciona los cursos, talleres o libros que mejor se adapten a tu estilo de aprendizaje y a tus necesidades profesionales.
- Aplica tus habilidades: Busca oportunidades dentro de tu puesto actual en las que puedas aplicar tus habilidades de IA. Podría ser un proyecto en el trabajo o incluso un proyecto personal que te permita poner en práctica tus habilidades.
- Revisa y reflexiona: Revisa regularmente tus progresos hacia tus objetivos de aprendizaje y ajusta tu plan de aprendizaje según sea necesario.

Esta lista de comprobación no sólo te guía a través del proceso de desarrollo de habilidades de IA, sino que también garantiza que tu aprendizaje esté alineado con tus objetivos profesionales, maximizando el impacto de tus esfuerzos.

Al adoptar la IA e integrar estas habilidades en tu conjunto de herramientas profesionales, no sólo te estás preparando para las oportunidades futuras, sino que también te estás posicionando como un actor clave en la evolución de tu sector. El panorama laboral está cambiando, y la IA es un motor importante de este cambio. Equípate con los conocimientos y habilidades necesarios para navegar por este nuevo terreno, y observa cómo se abren ante ti las puertas a nuevas y apasionantes trayectorias profesionales.

5.2 UTILIZAR LA IA PARA MEJORAR LA PRODUCTIVIDAD PERSONAL

En un mundo en el que a menudo parece que el tiempo se nos escapa de las manos, las herramientas impulsadas por la IA han surgido como un faro de eficiencia, ayudándonos a aprovechar nuestros días con mayor precisión y eficacia. Imagínate esto: tu día está organizado a la perfección por un sistema inteligente que entiende tus prioridades y hábitos, y te empuja a completar tus tareas y a hacerlo con tiempo de sobra para ti. La IA en la productividad personal no consiste sólo en hacer más, sino en mejorar la calidad de tu tiempo.

Herramientas de IA para la gestión del tiempo

Empecemos por cómo la IA simplifica la gestión de los horarios, un aspecto de la vida diaria con el que muchos de nosotros luchamos. Los programadores de calendarios automatizados y los gestores de tareas basados en IA pueden transformar tu forma de planificar el día. No son herramientas de programación al uso, sino que aprenden de tus patrones de interacción y pueden sugerirte las horas óptimas para las reuniones, recordarte los plazos e incluso reprogramar las citas cuando surgen conflictos. Por ejemplo, imagina que tu programador de IA se da cuenta de que sueles tener un bajón de energía por la tarde. Podría sugerirte que programes tus tareas críticas por la mañana y tareas más ligeras y administrativas para cuando tu energía decaiga. Este tipo de programación inteligente no sólo ayuda a gestionar mejor el tiempo, sino que también alinea tus tareas laborales con tus picos naturales de productividad, lo que puede suponer una gran diferencia en lo que consigues al día.

Mejorar la concentración y la eficacia

Las distracciones son la archienemiga de la productividad, y también en este caso la IA viene al rescate. Las aplicaciones que mejoran la concentración utilizan la IA para ayudar a minimizar las distracciones, entendiendo tus hábitos de trabajo y creando un entorno propicio para la concentración. Estas aplicaciones pueden silenciar las notificaciones cuando necesitas concentrarte, bloquear los sitios web que te distraen e incluso reproducir sonidos de fondo que aumentan la concentración. Los sistemas más sofisticados pueden analizar tus pautas de trabajo a lo largo del tiempo e identificar los momentos del día en los que estás más concentrado, sugiriéndote que te enfrentes a tus tareas más difíciles durante esos intervalos. Al adaptarse a tus patrones de comportamiento, la IA crea estrategias personalizadas para ayudarte a mantener la concentración, transformando las posibles distracciones en mero ruido de fondo.

Experiencias de aprendizaje personalizadas

El impacto de la IA se extiende al desarrollo personal a través de plataformas de aprendizaje personalizadas que se adaptan a tu ritmo y estilo de aprendizaje únicos. Estas plataformas utilizan la IA para crear un plan de estudios personalizado que se ajusta en tiempo real en función de tu progreso y tus puntos fuertes o débiles. Por ejemplo, supongamos que estás aprendiendo un nuevo idioma y destacas en gramática pero tienes dificultades con el vocabulario. En ese caso, el sistema de IA ajustará tu curso para ofrecerte más ejercicios de vocabulario en y menos de gramática. Se asegura de que dediques tiempo a mejorar donde más lo necesitas, haciendo que tu experiencia de aprendizaje sea tan eficiente como eficaz. Este enfoque de aprendizaje adaptativo no sólo te mantiene comprometido, sino que también garantiza que siempre te suponga un reto, acelerando tu proceso de aprendizaje y ayudándote a alcanzar más rápidamente tus objetivos de desarrollo personal.

La IA en la toma de decisiones diarias

En el ámbito de la toma de decisiones, las herramientas analíticas basadas en IA son como tener un asesor personal que te guía para tomar decisiones más inteligentes y basadas en datos. Estas herramientas pueden analizar grandes cantidades de datos para proporcionar perspectivas que podrían no ser visibles a primera vista. Ya se trate de decidir la mejor inversión financiera basándose en las tendencias del mercado o de elegir las estrategias de gestión de proyectos adecuadas basándose en resultados anteriores, la IA ayuda proporcionando un análisis claro de las opciones. Para los profesionales, esto significa dedicar menos tiempo a procesar datos y más al pensamiento estratégico y la ejecución. Para las decisiones personales, puede significar mejores elecciones que se alineen estrechamente con tus objetivos y valores a largo plazo.

A medida que la IA sigue evolucionando, su integración en las herramientas de productividad personal hace cada vez más posible llevar una vida más organizada, centrada y eficiente. Aprovechando la IA, puedes transformar no sólo tu forma de trabajar, sino también tu forma de aprender, planificar y tomar decisiones, lo que te llevará a una vida personal y profesional más productiva y satisfactoria.

5.3 IA PARA EMPRESARIOS: AUTOMATIZAR Y ESCALAR TU NEGOCIO

Para los empresarios, el atractivo de la Inteligencia Artificial (IA) va más allá de su novedad tecnológica; se trata de su potencial transformador en la automatización y ampliación de las operaciones empresariales. Imagina tener un equipo virtual que trabaje incansablemente, con una precisión y eficacia impecables, encargándose de tareas rutinarias como gestionar el inventario, atender las consultas de los clientes y mantener la contabilidad en orden. Esto no es sólo un potenciador de la productividad; es un cambio de juego que te permite a ti, el empresario, centrarte en el crecimiento estratégico y la innovación.

IA para la automatización empresarial

La capacidad de la IA para automatizar las operaciones empresariales abarca varias áreas clave. En la gestión de inventarios, los sistemas de IA pueden predecir eficazmente los niveles de existencias, gestionar los pedidos e incluso sugerir ajustes de inventario basados en datos de ventas en tiempo real y tendencias del mercado. Este tipo de automatización reduce la probabilidad de exceso de existencias o roturas de stock, garantizando que el capital no se inmovilice innecesariamente y que no se pierdan oportunidades de venta. En el servicio de atención al cliente, los chatbots de IA interactúan con los clientes las 24 horas del día, los 7 días de la semana, gestionan las consultas, resuelven los problemas más comunes y remiten los más complejos a operadores humanos. Esto garantiza que las interacciones con los clientes se gestionen de forma eficiente, mejorando la satisfacción y liberando a los agentes humanos para que se ocupen de tareas que requieren un compromiso más matizado. La contabilidad financiera también se beneficia de la IA. Con los sistemas basados en IA, las entradas financieras se registran en tiempo real, se analizan los presupuestos y se informa de los indicadores de salud financiera con recomendaciones para ahorrar costes u oportunidades de inversión. Esta automatización no sólo garantiza la precisión de la gestión financiera, sino que también proporciona información puntual que puede ayudar a la planificación financiera estratégica.

Ampliar con IA

A medida que tu empresa crece, la escalabilidad se convierte en un reto crítico. La IA puede desempeñar aquí un papel fundamental, especialmente a través del análisis predictivo y las estrategias de marketing adaptadas por algoritmos de IA. El análisis predictivo puede predecir las tendencias del mercado, el comportamiento de los consumidores y las posibles fuentes de ingresos, lo que permite a las empresas tomar decisiones informadas sobre dónde asignar los recursos, cuándo expandirse a nuevos mercados y cómo fijar el precio de los productos. El marketing impulsado por la IA, por otra parte, personaliza las interacciones con los clientes basándose en las preferencias y comportamientos individuales, mejorando el compromiso y la fidelidad. La IA puede segmentar con precisión las audiencias, adaptar los mensajes de marketing y optimizar las campañas de marketing en tiempo real para garantizar las mayores tasas de conversión posibles. Este enfoque específico no sólo maximiza los presupuestos de marketing, sino que también impulsa el crecimiento al garantizar que los esfuerzos de marketing se centran en las perspectivas más prometedoras.

Historias reales de éxito

Considera la historia de una pequeña tienda de ropa online que integró la IA para optimizar su inventario y el servicio al cliente. Utilizando la IA para analizar los datos de ventas y las opiniones de los clientes, la tienda pudo predecir qué estilos iban a ser populares en la próxima temporada y ajustar su inventario en consecuencia. Esto condujo a un aumento del 20% en las ventas y a una reducción de las existencias no vendidas. Otro ejemplo es una startup tecnológica que utilizó la IA para automatizar su servicio de atención al cliente, reduciendo los tiempos de respuesta de varias horas a minutos y aumentando drásticamente la satisfacción del cliente. Estas historias de éxito ponen de relieve no sólo el potencial de la IA en la automatización y ampliación de las operaciones y su impacto en el éxito empresarial general.

Retos y soluciones

Aunque los beneficios son significativos, la integración de la IA en las operaciones empresariales conlleva retos. Un obstáculo común es el coste inicial y la complejidad de implantar soluciones de IA. Para muchas pequeñas empresas, esto puede resultar desalentador. Sin embargo, la llegada de las plataformas de IA como servicio ha hecho que la IA sea más accesible para las pequeñas y medianas empresas, al reducir la necesidad de inversión inicial en infraestructura y experiencia en IA. Otro reto es la resistencia al cambio dentro de las organizaciones. Esto puede mitigarse con una implantación gradual y centrándose en la educación y la formación de los empleados, para asegurarse de que comprenden las ventajas de la IA y cómo utilizar los nuevos sistemas con eficacia.

Para los empresarios que buscan prosperar en un mercado competitivo, la IA presenta oportunidades demasiado valiosas para ignorarlas. La IA puede transformar un pequeño negocio en una empresa dinámica, eficiente y competitiva, automatizando las tareas rutinarias, optimizando las operaciones y permitiendo un crecimiento escalable. A medida que la tecnología de la IA siga evolucionando, su accesibilidad y aplicaciones no harán sino ampliarse, por lo que ahora es un momento oportuno para que los empresarios exploren cómo puede integrarse la IA en sus estrategias empresariales.

5.4 CÓMO ESTAR AL DÍA DE LAS TENDENCIAS Y TECNOLOGÍAS DE LA IA

Mantenerse informado sobre los últimos avances en Inteligencia Artificial (IA) puede parecer una tarea desalentadora, dado el rápido ritmo al que evoluciona este campo. Sin embargo, mantenerse al día de estos cambios es crucial no sólo para quienes trabajan directamente con la IA, sino también para cualquier persona interesada en las posibles repercusiones de estas tecnologías en sus sectores y en su vida cotidiana. He aquí algunas formas prácticas de asegurarte de que te mantienes informado sobre los avances de vanguardia en IA sin sentirte abrumado.

Siguiendo las tendencias de la IA

El primer paso para estar al día es saber dónde buscar. Numerosos sitios web, revistas y personas influyentes pueden servirte como recursos a los que acudir para conocer lo último en IA. Sitios web como TechCrunch, Wired y The Verge publican regularmente artículos sobre los últimos avances en tecnología de IA y aplicaciones industriales. Para quienes busquen material más académico, revistas como Journal of Artificial Intelligence Research y AI Magazine ofrecen artículos de investigación en profundidad y reseñas escritas por expertos en la materia. Seguir a personas influyentes y líderes de opinión en plataformas como Twitter y LinkedIn también puede proporcionarte ideas y comentarios que te ayuden a desmitificar temas complejos. Personas influyentes como Fei-Fei Li, Andrew Ng y Lex Fridman comparten contenido valioso que abarca desde material introductorio hasta debates de investigación avanzada. Seleccionando tus fuentes de información y dedicando regularmente tiempo a explorar estos materiales, puedes construir una sólida comprensión de las tendencias y metodologías actuales en IA.

Participar en conferencias y talleres sobre IA

No hay nada como aprender directamente de los expertos y establecer contactos con los compañeros; las conferencias y talleres sobre IA ofrecen precisamente eso. Eventos como la conferencia Neural Information Processing Systems (NeurIPS), la Conferencia Internacional sobre Aprendizaje Automático (ICML) y la serie AI Summit proporcionan plataformas para aprender sobre las últimas investigaciones, aplicaciones prácticas y consideraciones éticas en IA. Estos encuentros son ideales para vivir experiencias de primera mano, ya que ofrecen talleres en los que puedes adquirir conocimientos prácticos y escuchar las presentaciones de los líderes en este campo. Además, estos actos suelen ofrecer la oportunidad de hacer preguntas y participar en debates, lo que permite una comprensión más profunda y la aclaración de conceptos complejos . Si asistir en persona te resulta difícil, muchas conferencias ofrecen ahora opciones de asistencia virtual, lo que las hace más accesibles a un público mundial.

Utilizar plataformas de aprendizaje continuo

Para los que prefieren el aprendizaje estructurado, las plataformas de aprendizaje continuo ofrecen cursos que se actualizan periódicamente para reflejar los últimos avances en IA. Plataformas como Coursera, edX y Udemy ofrecen cursos creados por universidades y líderes del sector, que abarcan una amplia gama de temas, desde los principios básicos de la IA hasta aplicaciones avanzadas. Estas plataformas suelen ofrecer elementos interactivos, como debates entre compañeros y proyectos, que pueden mejorar la comprensión y la retención de la información. Además, muchos cursos ofrecen certificados al finalizarlos, lo que puede ser un excelente añadido a tu perfil profesional, mostrando tu compromiso por mantenerte al día en tu campo.

El papel de las redes para mantenerse informado

Crear una red profesional en la comunidad de la IA puede mejorar significativamente tu experiencia de aprendizaje. La creación de redes no sólo tiene que ver con las oportunidades profesionales; es una puerta de entrada para intercambiar ideas, resolver problemas de forma colaborativa y obtener información sobre cómo las distintas industrias aplican la IA. Participar en foros en línea y reuniones locales puede ponerte en contacto con personas y expertos de ideas afines que pueden compartir sus experiencias y consejos. Plataformas como Meetup.com suelen ofrecer una lista de grupos de IA por regiones, lo que te brinda la oportunidad de conectar con profesionales de tu zona. Además, los grupos de LinkedIn dedicados a temas de IA son excelentes para establecer contactos virtuales, ya que te permiten participar en debates y conectar con profesionales de la IA de todo el mundo.

Al participar activamente en estas actividades, creas un ecosistema personalizado y eficaz para mantenerte actualizado sobre los avances de la IA. Ya sea a través de revistas académicas, cursos interactivos, redes profesionales o conferencias del sector, los recursos disponibles para profundizar en tu comprensión de la IA son amplios y variados. Participar en estas oportunidades no sólo mejora tus capacidades profesionales, sino que también enriquece tu perspectiva sobre cómo la IA sigue dando forma a nuestro mundo.

5.5 TRABAJAR EN RED EN LA COMUNIDAD DE IA: CONSEJOS Y PLATAFORMAS

Trabajar en red dentro de la comunidad de la IA es algo más que intercambiar tarjetas de visita o un rápido apretón de manos en reuniones profesionales. Se trata de establecer relaciones significativas y conectar con otras personas que comparten tu pasión por la inteligencia artificial. Tanto si eres un profesional experimentado de la IA como si acabas de empezar, la creación de redes puede proporcionarte un sinfín de beneficios, desde mejorar tus conocimientos hasta abrirte las puertas a nuevas oportunidades profesionales. Sumerjámonos en las estrategias eficaces para construir tu red, las plataformas clave donde se reúnen los entusiastas de la IA y los beneficios tangibles de estas relaciones profesionales.

Construir redes profesionales

Crear una red profesional sólida en el campo de la IA implica algo más que asistir a eventos sobre IA; requiere una estrategia y un interés genuino por las personas que conozcas. Empieza estableciendo objetivos claros para tu red de contactos: ¿Buscas aprender nuevas habilidades, encontrar un mentor o tal vez identificar oportunidades de trabajo? Comprender tus objetivos guiará tus esfuerzos de creación de redes y te ayudará a buscar los eventos y plataformas más relevantes. Cuando asistas a conferencias o talleres, planifica a qué sesiones asistir e investiga previamente a los ponentes y asistentes. Esta preparación te permitirá entablar conversaciones significativas y establecer conexiones que se ajusten a tus intereses profesionales.

Una estrategia eficaz para establecer contactos es trabajar como voluntario en conferencias o seminarios sobre IA. Este papel puede proporcionar una visión entre bastidores del evento y ofrecer oportunidades de conocer a ponentes y asistentes en un entorno más relajado. Además, considera la posibilidad de unirte a grupos relacionados con la IA en redes profesionales como LinkedIn o foros especializados como GitHub o Stack Overflow. Participa activamente en los debates, comparte tus puntos de vista y haz preguntas reflexivas. Esta visibilidad puede ayudar a establecer tu reputación como miembro experto y comprometido de la comunidad de la IA. Recuerda que la clave de una red de contactos eficaz es la reciprocidad; piensa siempre en cómo puedes añadir valor a tus conexiones, ya sea compartiendo artículos relevantes, ofreciendo tu experiencia o proporcionando apoyo en proyectos.

Principales plataformas de redes de IA

La era digital ha facilitado más que nunca la conexión con los profesionales de la IA, independientemente de las fronteras geográficas. LinkedIn sigue siendo una de las principales redes profesionales en la que muchos expertos en IA comparten sus puntos de vista, debaten sobre nuevas tendencias y publican oportunidades de empleo. Unirte a grupos de LinkedIn centrados en la IA puede proporcionarte acceso a una gran cantidad de información y ponerte en contacto con profesionales afines. Para las interacciones en tiempo real, Twitter tiene un valor incalculable. Muchos líderes intelectuales de la IA, como Andrew Ng y Yann LeCun, tuitean regularmente sobre los avances de la IA, comparten recursos educativos y se comprometen con la comunidad.

Fuera de línea, las reuniones de la comunidad, como las que se encuentran en Meetup.com, ofrecen la oportunidad de relacionarse con entusiastas locales de la IA. Estos encuentros van desde reuniones informales en las que se debaten las tendencias de la IA hasta talleres más estructurados en los que puedes perfeccionar tus habilidades. Estas interacciones cara a cara pueden reforzar tus conexiones y proporcionarte un conocimiento más profundo de las aplicaciones prácticas de la IA en diversos sectores. Además, las conferencias anuales sobre IA

6

SUPERAR LOS RETOS DE LA IA

Adentrarse en el mundo de la Inteligencia Artificial (IA) puede parecer como adentrarse en un laberinto de complejas teorías e intrincados algoritmos. Pero, ¿y si dispusieras de un mapa que no sólo te guiara por este laberinto, sino que también hiciera que el viaje fuera ameno e instructivo? Eso es exactamente lo que pretendemos proporcionarte en este capítulo. Te equiparemos con herramientas y técnicas que simplifican la IA, haciéndola más accesible y menos desalentadora, incluso si acabas de empezar. Nuestro objetivo aquí es transformar lo que podría parecer un conocimiento arcano en algo que puedas comprender, utilizar e incluso disfrutar aprendiendo.

6.1 SIMPLIFICAR LA IA: HERRAMIENTAS Y TÉCNICAS PARA APRENDER EFICAZMENTE

Lo bueno de aprender IA hoy en día es que puedes acceder a muchas herramientas diseñadas para hacer que los conceptos complejos sean más tangibles y comprensibles. Empecemos por las herramientas de visualización. Son increíblemente poderosas para descomponer las complejidades de la IA en algo que puedas ver e interactuar con ello. Por ejemplo, plataformas como TensorFlow Playground te permiten ajustar los parámetros de la red neuronal y ver al instante cómo afectan esos cambios al rendimiento de la red. Demuestra visualmente lo que ocurre cuando ajustas la tasa de aprendizaje o alteras el número de capas de una red neuronal. Esta respuesta inmediata ayuda a desmitificar el funcionamiento interno de las redes neuronales, haciendo que los conceptos abstractos de la IA sean concretos y manipulables ante tus ojos.

Pasando a las plataformas de aprendizaje interactivo, estos son tus gimnasios para entrenamientos mentales en IA. Sitios web como Codecademy o Khan Academy ofrecen cursos en los que puedes escribir código real, verlo ejecutarse y observar cómo realiza tareas en tiempo real. Estas plataformas proporcionan una experiencia práctica que los libros de texto por sí solos no pueden ofrecer. Te permiten experimentar, cometer errores y aprender en un entorno controlado en el que puedes ver inmediatamente las consecuencias de tus acciones. Este proceso de ensayo y error es crucial en el aprendizaje, especialmente en un campo como la IA, donde comprender el impacto de tu código y tus algoritmos da forma a tu comprensión de cómo funciona la IA.

Ahora bien, no todos los que quieren aprender IA tienen formación informática, y eso está perfectamente bien. Existen numerosos recursos diseñados específicamente para no expertos. Tomemos, por ejemplo, el libro "AI for Everyone" de Andrew Ng. Está escrito expresamente para quienes no tienen formación técnica, y desglosa los conceptos de IA en partes digeribles y comprensibles. Libros como éste se centran en transmitir la intuición que hay detrás de la IA, en lugar de los pesados fundamentos matemáticos. Proporcionan una puerta de entrada a la comprensión de la IA desde una perspectiva de alto nivel, haciendo que la tecnología sea accesible a un público más amplio.

Por último, no se puede exagerar el poder de las analogías y los ejemplos de la vida real en el aprendizaje. Al relacionar los conceptos de la IA con experiencias cotidianas, estas herramientas aportan un nivel de relacionabilidad a la materia. Por ejemplo, explicar una red neuronal en IA puede ser bastante abstracto, pero si lo comparas con cómo funciona nuestro cerebro humano -tomando entradas, procesando información a través de capas de neuronas y produciendo salidas- el concepto resulta menos intimidatorio y más comprensible. Estas analogías ayudan a comprender y hacen que el proceso de aprendizaje sea atractivo y relevante para tu vida cotidiana.

Elemento interactivo: Pruébalo tú mismo

Para consolidar tu comprensión, hagamos un pequeño ejercicio. Visita TensorFlow Playground y experimenta cambiando distintos parámetros de una red neuronal. Prueba a aumentar la tasa de aprendizaje y observa lo rápido que aprende el modelo. ¿Qué ocurre cuando añades más capas? Reflexiona sobre estos cambios y anota tus observaciones. Este ejercicio te ayudará a ver de primera mano el impacto de estos parámetros en el proceso de aprendizaje.

Al aprovechar estas herramientas y enfoques, la IA deja de ser un tema desalentador y se convierte en un campo apasionante lleno de posibilidades. Tanto si eres un estudiante visual que se beneficia de ver los conceptos en acción, como si eres un experimentador práctico que aprende haciendo, o alguien que comprende las cosas a través de historias y analogías, hay recursos disponibles que se adaptan a tu estilo de aprendizaje. Con estas herramientas a tu disposición, sumergirte en la IA puede ser una experiencia esclarecedora y enriquecedora, que te abrirá un mundo donde la tecnología se encuentra con la creatividad y la innovación.

6.2 SUPERAR LA INTIMIDACIÓN DE LA COMPLEJIDAD DE LA IA

Embarcarse en el aprendizaje de la IA puede parecer a veces como estar al pie de una montaña imponente: intimidante, cuando no directamente intimidante. Pero, ¿y si pudieras transformar esa montaña en una serie de pequeñas colinas escalables? Empieza con un cambio de mentalidad. Es crucial adoptar una mentalidad de crecimiento que considere los retos como peldaños en lugar de escollos. Esta perspectiva te anima a ver cada obstáculo en tu proceso de aprendizaje de la IA como una oportunidad para crecer, ampliar tus conocimientos y desarrollar la resiliencia. Recuerda que todos los expertos fueron alguna vez principiantes, y que alcanzaron la competencia no gracias a un talento inherente, sino a un esfuerzo persistente y a la voluntad de aprender de los errores.

La clave para que la IA sea menos abrumadora es dividirla en objetivos pequeños y manejables. En lugar de pretender dominar la IA de la noche a la mañana, establece hitos realistas y alcanzables. Por ejemplo, empieza por comprender los conceptos básicos de la IA antes de pasar a algoritmos más complejos. Cada pequeño objetivo que alcances actuará como un peldaño hacia una mayor confianza y competencia. Este enfoque te mantiene motivado y estructura tu viaje de aprendizaje en una serie de pasos alcanzables, haciendo el proceso más digerible y menos intimidatorio.

Hablemos ahora del poder de la comunidad en el aprendizaje de la IA. El aprendizaje entre iguales, o aprender junto a otros, puede desmitificar significativamente las complejidades de la IA. Unirse a grupos de estudio o comunidades online ofrece múltiples ventajas. Proporciona un sistema de apoyo en el que puedes compartir experiencias, hacer preguntas y encontrar soluciones juntos. Aprender en grupo también puede exponerte a diversas perspectivas y técnicas, enriqueciendo tu comprensión de la IA. Además, explicar conceptos a tus compañeros es una forma fantástica de reforzar tus propios conocimientos. En entornos como GitHub o reuniones locales, puedes conectar con otras personas que navegan por el panorama de la IA. Estas comunidades suelen fomentar un espíritu de colaboración que hace que abordar conceptos difíciles sea más accesible y menos desalentador.

Celebrar los pequeños éxitos es otro elemento esencial en tu camino de aprendizaje de la IA. Cada vez que comprendas un nuevo concepto, depures un fragmento de código con éxito o simplemente progreses en tu aprendizaje, dedica un momento a reconocer y celebrar tu logro. Estas celebraciones actúan como refuerzos positivos que aumentan tu motivación y te recuerdan los progresos que estás haciendo, por pequeños que sean. Ayudan a construir un bucle de retroalimentación positiva en tu proceso de aprendizaje, haciendo que el viaje sea agradable y gratificante. Ya se trate de dominar un algoritmo complicado o de implantar con éxito tu primer modelo de IA, reconocer estas victorias puede mejorar significativamente tu experiencia de aprendizaje y animarte a seguir avanzando.

Ajustando tu mentalidad, estableciendo objetivos manejables, participando en el aprendizaje entre iguales y celebrando tus éxitos, puedes reducir eficazmente el factor de intimidación asociado a la IA. Estas estrategias no sólo hacen que el aprendizaje de la IA sea más accesible, sino también más agradable. Mientras sigues explorando la IA, recuerda que cada reto es una oportunidad para crecer, y que cada pequeña victoria es un paso hacia el dominio de esta tecnología transformadora.

6.3 ELEGIR LOS RECURSOS ADECUADOS PARA EL APRENDIZAJE DE LA IA

Sumergirse en el vasto océano de recursos de aprendizaje de la Inteligencia Artificial (IA) puede ser tan estimulante como abrumador. Tanto si eres un alumno visual que se nutre de diagramas y organigramas, como si eres un lector que absorbe mejor la información a través de textos detallados, o un experimentador práctico deseoso de codificar, comprender tu estilo de aprendizaje es el primer paso para elegir los recursos de IA adecuados. Exploremos cómo puedes identificar y combinar tus preferencias de aprendizaje con las herramientas de aprendizaje más eficaces.

Empieza por reflexionar sobre cómo has aprendido con éxito otras asignaturas en el pasado. ¿Te ayudan los vídeos y las demostraciones en directo a comprender los conceptos rápidamente? ¿O te parece que la lectura proporciona la comprensión más profunda? Tal vez los cuestionarios y ejercicios interactivos te aporten la claridad que necesitas. Una vez que identifiques tus preferencias, puedes alinearlas con los recursos de aprendizaje de IA adaptados a tu estilo. Para los alumnos visuales, las infografías y los tutoriales en vídeo que ilustran conceptos de IA como las redes neuronales o los procesos de aprendizaje automático pueden desmitificar la información compleja, haciéndola más digerible. Si te gusta leer, profundiza en libros y artículos fundamentales que ofrezcan una visión completa de las teorías y aplicaciones de la IA. Mientras tanto, si aprendes haciendo, busca plataformas de codificación interactivas en las que puedas escribir, probar y perfeccionar algoritmos de IA en tiempo real.

Ahora, naveguemos por la miríada de recursos de IA disponibles. Para una comprensión completa, es beneficioso explorar una variedad de materiales. Aquí tienes una lista de recursos seleccionados por su accesibilidad e idoneidad para principiantes:

1. Libros: "Inteligencia Artificial: A Guide for Thinking Humans", de Melanie Mitchell, ofrece una perspicaz visión general de la IA, adecuada para quienes aprecian las inmersiones profundas en cómo la IA está transformando diversos aspectos de la sociedad.
2. Cursos en línea: Para los alumnos interactivos, plataformas como Coursera ofrecen cursos como "AI For Everyone" de

Andrew Ng. Este curso está diseñado para personas sin conocimientos técnicos e introduce los conceptos de la IA sin las complicadas matemáticas.

3. Talleres: Los talleres locales o los seminarios web en línea pueden ofrecer interacción en tiempo real con expertos en IA, proporcionando claridad y comentarios inmediatos que pueden mejorar tu comprensión y confianza.

Decidir entre recursos gratuitos y de pago suele implicar sopesar tus necesidades actuales y tus objetivos educativos. Los recursos gratuitos son una buena forma de empezar; a menudo proporcionan conocimientos básicos sustanciales. Sitios web como MIT OpenCourseWare ofrecen materiales de cursos gratuitos que pueden introducirte en conceptos básicos y avanzados de IA sin ningún compromiso financiero. Sin embargo, los cursos de pago suelen tener ventajas adicionales, como vías de aprendizaje estructuradas, tutoría profesional, certificación y proyectos más intensivos que pueden proporcionar conocimientos más profundos y experiencia práctica. Si estás pensando en hacer carrera en el campo de la IA o quieres dominar habilidades específicas, puede merecer la pena invertir en un curso completo de pago o en un bootcamp.

Mantener actualizados tus conocimientos sobre IA es crucial dado el rápido ritmo de los avances tecnológicos en este campo. Suscríbete a los boletines sobre IA de fuentes fiables, como la sección de Inteligencia Artificial de ArXiv.org, o sigue a los laboratorios de investigación sobre IA y a los líderes de opinión en las redes sociales para estar al día de los últimos avances en investigación y de las tendencias del sector. La actualización periódica de tus recursos de aprendizaje también puede implicar la revisión de conceptos fundamentales mediante versiones actualizadas de libros de texto o ediciones más recientes de cursos en línea que reflejen los últimos avances tecnológicos y debates éticos sobre la IA.

Seleccionando cuidadosamente tus recursos de aprendizaje de IA de acuerdo con tu estilo personal de aprendizaje, y comprometiéndote a actualizar continuamente tu base de conocimientos, podrás navegar eficazmente por las complejidades de la educación en IA. Este enfoque mejora tu experiencia de aprendizaje y garantiza que te mantengas a la vanguardia de los avances de la IA, preparado para aplicar tus conocimientos a los problemas y las innovaciones del mundo real.

6.4 CONSEJOS PRÁCTICOS PARA APLICAR LOS CONOCIMIENTOS DE LA IA

En el vasto y cambiante campo de la Inteligencia Artificial, comprender la teoría es sólo una parte de la ecuación; aplicar este conocimiento en escenarios prácticos puede mejorar enormemente tu comprensión y apreciación de lo que la IA puede lograr realmente. Ya sea mediante el desarrollo de proyectos que resuelvan problemas del mundo real, compitiendo en retos de IA o adquiriendo experiencia práctica a través de prácticas, la verdadera prueba de tus conocimientos de IA llega a través de la aplicación. Este enfoque práctico no sólo consolida tu comprensión, sino que también te prepara para los retos profesionales, haciendo que tu viaje de aprendizaje sea completo y satisfactorio.

Proyectos reales

Imagina que aplicas tus conocimientos de IA para crear una solución que prediga las rutas más eficientes para los camiones de reparto en tu ciudad, o quizás desarrollar un sistema que pueda ayudar a los pequeños agricultores a predecir el rendimiento de las cosechas con mayor precisión. Participar en proyectos del mundo real te permite aplicar los conocimientos teóricos adquiridos para resolver problemas prácticos. Se trata de ir más allá del aula, al mundo real, donde las complejidades e imprevisibilidades de la vida hacen que el aprendizaje sea dinámico e impactante. Cuando empieces a trabajar en un proyecto, empieza poco a poco. Identifica un problema que sea manejable pero desafiante, y amplíalo gradualmente a medida que mejoren tus habilidades. Este enfoque no sólo te mantiene motivado, sino que también garantiza que estás continuamente aprendiendo y adaptándote. Además, estos proyectos pueden servir como potentes piezas de portfolio que muestren tus habilidades a posibles empleadores o instituciones educativas. Se convierten en una prueba de tu capacidad no sólo para comprender la IA, sino también para aplicarla eficazmente en situaciones del mundo real.

Participación en Concursos

Participar en competiciones de IA puede ser especialmente gratificante para quienes disfrutan con los retos y la competición. Plataformas como Kaggle ofrecen muchos retos que van desde los aptos para principiantes hasta los de nivel experto. Estos concursos te asignan la tarea de resolver problemas reales a los que se enfrentan las empresas, desde la automatización de la identificación de vehículos hasta la mejora de la productividad agrícola mediante el análisis de imágenes de drones. Lo que hace que estos concursos tengan un valor incalculable es la exposición a una comunidad de profesionales de la IA y expertos del sector. Obtienes información sobre cómo enfocan otros la resolución de problemas en IA, aprendes nuevas técnicas y comparas tus soluciones con las de tus compañeros. Este entorno competitivo, pero colaborativo, te empuja a perfeccionar tus habilidades y a innovar, lo que a menudo conduce a avances en tus conocimientos y capacidades. Además, el éxito en estas competiciones puede atraer la atención de posibles empleadores que valoran esa demostración práctica de las habilidades en IA.

Prácticas y voluntariado

Si quieres profundizar en tu conocimiento práctico de la IA, considera la posibilidad de realizar prácticas o trabajar como voluntario en empresas u organizaciones que utilicen tecnologías de IA.

Estas oportunidades te proporcionan una visión de primera mano de cómo se aplica la IA en entornos profesionales. Podrás trabajar en proyectos reales, aprender de profesionales experimentados y comprender los retos cotidianos y el funcionamiento de la IA en contextos empresariales o sociales. Las prácticas pueden ser especialmente transformadoras, ya que no sólo proporcionan experiencia práctica, sino también tutoría profesional, que es crucial para orientar tu carrera profesional en la IA. El voluntariado, por otra parte, podría implicar la contribución a proyectos sociales que aprovechen la IA para el bien, como el desarrollo de herramientas de IA para ayudar en la respuesta a catástrofes o en la asistencia sanitaria. Estas experiencias no sólo mejoran tu currículum, sino que también te dan la satisfacción de contribuir a causas significativas y aplicar tus conocimientos de IA para marcar una diferencia tangible en el mundo.

Construir una cartera

A medida que avanzas en tu viaje de aprendizaje de la IA, resulta crucial recopilar una cartera de tus proyectos y logros. Piensa en tu cartera como un documento vivo que muestra tu crecimiento y experiencia en IA. Incluye una variedad de proyectos que demuestren tu gama de habilidades, desde el análisis de datos y la creación de modelos hasta el desarrollo de aplicaciones de IA. Asegúrate de detallar el problema, tu enfoque, las técnicas de IA utilizadas y el resultado de cada proyecto. Una cartera bien mantenida no sólo ayuda a los posibles empleadores a entender tus capacidades, sino que también sirve como reflejo de tu viaje de aprendizaje, destacando tu crecimiento, versatilidad y compromiso con la aplicación de la IA en diversos escenarios. Además, mantener un blog o un repositorio de GitHub donde actualices regularmente los proyectos y compartas tus ideas puede aumentar tu visibilidad en la comunidad de la IA, abriendo nuevas oportunidades de colaboración e innovación.

Implicándote en proyectos del mundo real, participando en concursos, adquiriendo experiencia práctica a través de las prácticas y construyendo meticulosamente una cartera, salvarás eficazmente la brecha entre el conocimiento teórico y la aplicación práctica. Esto no sólo mejora tu comprensión y tus habilidades en IA, sino que también te prepara para los retos y oportunidades que te esperan en tu carrera profesional o académica en IA. Mientras sigues aplicando tus conocimientos, recuerda que cada proyecto, cada concurso y cada periodo de prácticas es un paso hacia el dominio de la IA, equipado no sólo para comprender, sino para innovar y liderar en este campo.

6.5 HACER FRENTE A LOS RÁPIDOS CAMBIOS DE LAS TECNOLOGÍAS DE IA

El ámbito de la Inteligencia Artificial es tan dinámico como intrigante, y evoluciona continuamente a un ritmo que a veces puede resultar abrumador. Estar al día de los últimos avances y cambios en el panorama de la IA no consiste sólo en mantener frescos tus conocimientos, sino en participar activamente en el diálogo continuo sobre el progreso tecnológico. Una estrategia eficaz para permanecer informado en es seguir a los principales investigadores e instituciones de IA en plataformas como Twitter y LinkedIn o a través de sus blogs y sitios web personales. Estos líderes de opinión suelen compartir sus ideas sobre la investigación de vanguardia, los avances y las tendencias que pueden darte una idea más clara de hacia dónde se dirige este campo. Además, suscribirte a boletines informativos centrados en la IA de fuentes reputadas como el MIT Technology Review o la sección de Inteligencia Artificial de ArXiv puede proporcionarte un flujo de información y artículos curados, garantizando que siempre estés al día con el mínimo esfuerzo.

Adoptar un enfoque de aprendizaje adaptativo es esencial en un campo que cambia tan rápidamente como la IA. Esto significa estar abierto a actualizar continuamente tus habilidades y tu base de conocimientos.

Se trata de adoptar la mentalidad de que el aprendizaje es un proceso interminable. Este enfoque implica no sólo consumir información pasivamente, sino buscar activamente nuevos métodos, herramientas y tecnologías. Las plataformas en línea como edX o Coursera actualizan con frecuencia sus cursos para reflejar los nuevos avances y ofrecer temas avanzados que pueden ayudarte a mantenerte a la vanguardia. Participar en estos módulos de aprendizaje te permite adaptar tus habilidades a las demandas actuales, garantizando que sigues siendo relevante en el mercado laboral o en tu campo de investigación. Por ejemplo, si una nueva biblioteca o herramienta de programación se convierte en estándar en el sector, seguir un curso breve o un taller puede ponerte al día rápidamente, en lugar de quedarte rezagado.

Construir una base sólida en los conceptos fundamentales de la IA es crucial en medio de estos rápidos cambios. Aunque se desarrollan constantemente nuevos algoritmos y tecnologías, los principios básicos del aprendizaje automático, las redes neuronales y el procesamiento de datos permanecen relativamente constantes. Comprender estos elementos fundamentales significa que podrás adaptarte más fácilmente a las nuevas herramientas y tecnologías a medida que vayan surgiendo. Para ello, revisar textos clásicos sobre IA y aprendizaje automático o matricularse en cursos que se centren en estos fundamentos puede ser increíblemente beneficioso. Estos recursos cimentan tus conocimientos y proporcionan un marco sobre el que puedes construir, por mucho que evolucionen los aspectos específicos.

Trabajar en red con otros profesionales de la IA ofrece otro nivel de compromiso con el mundo en evolución de la IA. Plataformas como LinkedIn y comunidades online especializadas como Stack Exchange o GitHub ofrecen espacios donde puedes conectar con colegas, compartir conocimientos y obtener información sobre las tendencias emergentes. Como ya se ha mencionado, asistir a conferencias, seminarios web y reuniones sobre IA, aunque sea virtualmente, puede ampliar tu red profesional y exponerte a nuevas ideas y aplicaciones de la IA. A través de estas interacciones, accedes a una comunidad de estudiantes y profesionales que también están navegando por los cambios en este campo. Esta red puede ser un recurso vital para intercambiar consejos sobre el manejo de las nuevas tecnologías de IA, debatir implicaciones teóricas o incluso colaborar en proyectos que puedan ampliar tu comprensión y exposición a las aplicaciones prácticas de la IA.

En resumen, hacer frente a los rápidos cambios de la tecnología de la IA requiere un enfoque proactivo: mantenerse informado mediante el aprendizaje continuo, afianzarse en los conceptos fundamentales y comprometerse con una comunidad de profesionales afines. Estas estrategias te preparan para adaptarte a los nuevos avances y te capacitan para contribuir a la evolución de la tecnología de la IA. Al integrar estas prácticas en tu rutina de aprendizaje, descubrirás que seguir el ritmo de los avances de la IA se convierte en una parte más manejable y gratificante de tu trayectoria profesional o académica.

6.6 CÓMO HACER PREGUNTAS EFICACES EN LOS FOROS DE IA

Aventurarse en el mundo de la Inteligencia Artificial (IA) a veces puede dejarte con más preguntas que respuestas. ¿Y qué mejor lugar para buscar claridad que los foros y comunidades de IA donde convergen expertos y entusiastas? Participar eficazmente en estos espacios no sólo te ayuda a adquirir conocimientos, sino que también te conecta con una comunidad global que puede impulsar tu viaje de aprendizaje. Exploremos cómo puedes maximizar tus interacciones en estos foros, empezando por identificar los lugares adecuados para plantear tus preguntas.

Los foros populares sobre IA, como Stack Overflow, son tesoros de información donde puedes hacer preguntas técnicas y recibir respuestas de profesionales. Del mismo modo, la comunidad r/MachineLearning de Reddit ofrece un entorno más informal, perfecto para debates y consejos más amplios. Para un entorno más profesional, los grupos de LinkedIn dedicados a la IA y el aprendizaje automático ofrecen una plataforma para conectar con expertos del sector. Cada uno de estos foros tiene su propia cultura y normas, por lo que conviene pasar algún tiempo al acecho -leyendo y observando- antes de saltar a las conversaciones. Esto te ayudará a comprender el tipo de preguntas que se aceptan y cómo suelen estructurarse.

Formular tus preguntas de forma clara y concisa es crucial en estos foros. Empieza por ser específico sobre tu problema. Incluye detalles sobre las técnicas o herramientas de IA que utilizas, fragmentos de código (con el formato adecuado) y una descripción clara del problema al que te enfrentas. Las preguntas vagas suelen obtener respuestas vagas o, peor aún, ninguna respuesta. Para evitarlo, formula tu pregunta de forma que invite a respuestas detalladas. Por ejemplo, en lugar de preguntar: "¿Por qué no funciona mi algoritmo?", una pregunta mejor sería: "¿Por qué mi modelo de red neuronal entrenado con datos XYZ no converge? Aquí están los parámetros y los registros de errores que he utilizado". Esto no sólo facilita que otros te den consejos concretos, sino que también demuestra tu esfuerzo por resolver el problema antes de buscar ayuda.

Antes de publicar tu pregunta, es esencial que hagas una investigación preliminar. Intenta encontrar la respuesta por tu cuenta buscando en los archivos del foro o utilizando motores de búsqueda. Este esfuerzo no sólo enriquece tu comprensión, sino que también respeta el tiempo de la comunidad. A menudo lleva a descubrir discusiones anteriores que pueden ofrecer nuevas perspectivas o soluciones. Esta investigación también puede guiarte a la hora de refinar aún más tu pregunta, asegurándote de que es única y de que no ha sido respondida extensamente con anterioridad. Documentar tu investigación en el mensaje de tu pregunta también demuestra tu iniciativa y a menudo hace que los demás estén más dispuestos a ayudar.

Participar constructivamente en las respuestas es el último paso para maximizar tu experiencia en el foro. Cuando recibas respuestas, participa activamente haciendo preguntas de seguimiento si algo no está claro. Agradece a los colaboradores su tiempo y sus aportaciones, y haz comentarios sobre las soluciones ofrecidas. Este educado reconocimiento no sólo fomenta un ambiente comunitario positivo, sino que también anima a los demás a ayudarte en el futuro. Si una respuesta concreta resolvió tu problema, marcarla como la solución aceptada ayuda a futuros lectores con problemas similares. Este acto de compromiso convierte una simple pregunta y respuesta en una experiencia de aprendizaje dinámica, que enriquece la base de conocimientos de toda la comunidad.

Identificando los foros adecuados, formulando preguntas claras, investigando previamente y participando constructivamente en las respuestas, mejorarás tu experiencia de aprendizaje y contribuirás a la comunidad de la IA en general. Estas prácticas garantizan que los foros de IA sean recursos inestimables en tu viaje de aprendizaje, ayudándote a superar los retos y a ampliar tu comprensión de este campo dinámico.

Al cerrar este capítulo sobre la superación de los retos de la IA, nos hemos armado con estrategias para simplificar la IA, asumir sus complejidades, seleccionar los mejores recursos, aplicar nuestros conocimientos de forma práctica y seguir el ritmo de sus rápidos avances. Cada sección se ha basado en la anterior, equipándote con las herramientas no sólo para aprender IA, sino para prosperar en su paisaje en constante evolución. Al pasar página, exploraremos el apasionante reino de las tecnologías de IA y su futuro, preparados para comprender y participar en la próxima oleada de innovaciones que siguen remodelando nuestro mundo.

7

LAS TECNOLOGÍAS DE IA Y SU FUTURO

7.1 EL AUGE DE LA IA GENERATIVA: CAPACIDADES Y CASOS PRÁCTICOS

Comprender la IA Generativa

Imagina poder crear algo totalmente nuevo a partir de algo que ya existe -ya sea una pieza musical, una obra de arte o un artículo escrito- con sólo dar instrucciones a un ordenador. Esto no es una fantasía futurista; es la realidad de lo que llamamos IA generativa. La IA generativa destaca en el panorama de la IA por su capacidad de generar nuevos contenidos basándose en patrones y datos que ha aprendido de los materiales existentes. Utiliza técnicas avanzadas de aprendizaje automático, en particular modelos de aprendizaje profundo como las Redes Generativas Adversariales (GAN), para producir resultados que a veces pueden ser indistinguibles de los contenidos creados por humanos.

Por ejemplo, considera un modelo generativo de IA entrenado con miles de pinturas del Renacimiento. Este modelo puede generar nuevas imágenes que lleven las firmas estilísticas de esa época, aunque sean creaciones completamente originales. Del mismo modo, en el ámbito del texto, la IA generativa puede crear historias, código o incluso poesía aprendiendo de vastos corpus de obras escritas. Esta tecnología amplía los límites de la creatividad y la automatización, ofreciendo herramientas que aumentan las capacidades humanas y abren nuevas posibilidades de uso personal y comercial.

Aplicaciones en diversos campos

Las aplicaciones de la IA generativa son tan diversas como fascinantes. En el mundo del arte, los artistas colaboran con la IA para superar los límites de la creatividad. Estas colaboraciones suelen dar como resultado piezas asombrosas que son una mezcla de imaginación humana y computación algorítmica, aportando nuevas perspectivas y estética. En el periodismo, la IA generativa se utiliza para automatizar la creación de noticias sobre temas sencillos, como resultados deportivos y actualizaciones financieras, liberando a los periodistas humanos para abordar historias más complejas que requieren profundidad emocional y pensamiento analítico.

También en el mundo del espectáculo se está integrando la IA generativa, sobre todo en la música y la escritura de guiones. Los algoritmos de IA pueden analizar pistas musicales existentes para comprender patrones de melodía, ritmo y armonía, y utilizar estos conocimientos para componer nuevas composiciones. Las herramientas de IA para escribir guiones pueden generar diálogos y arcos narrativos aprendiendo de una base de datos de películas y programas de éxito, proporcionando un trampolín creativo para que los guionistas humanos lo perfeccionen y mejoren.

Consideraciones éticas

Sin embargo, un gran poder conlleva una gran responsabilidad, y la IA generativa no es una excepción. Una de las preocupaciones más acuciantes es la creación de deepfakes, manipulaciones digitales de audio o vídeo muy realistas y potencialmente engañosas. Los deepfakes plantean retos importantes para la privacidad, la seguridad y la confianza, ya que pueden utilizarse para crear contenidos engañosos que podrían influir en la opinión pública o en la reputación personal. Además, existen problemas de propiedad intelectual, ya que la IA generativa difumina los límites de la autoría y la originalidad. ¿A quién pertenecen los derechos de una pieza musical o artística creada por una IA entrenada con datos públicos?

Potencial futuro

De cara al futuro, la IA generativa tiene un inmenso potencial para revolucionar las industrias y mejorar la creatividad humana. A medida que avance la tecnología, podemos esperar que la IA generativa se vuelva más sofisticada, con mayores capacidades para colaborar con los humanos y crear obras cada vez más complejas y matizadas. Es probable que esta evolución impulse nuevas industrias y transforme las existentes, ofreciendo interesantes oportunidades de innovación y crecimiento.

La IA Generativa no sólo ejemplifica las notables capacidades de las modernas tecnologías de IA, sino que también pone de relieve los complejos panoramas éticos por los que debemos navegar. Mientras seguimos explorando y ampliando estas tecnologías, debemos centrarnos en aprovechar su potencial de forma responsable, asegurándonos de que contribuyen positivamente a la sociedad y fomentando un entorno en el que la creatividad y la innovación puedan florecer junto con las consideraciones éticas y legales.

7.2 LA IA EN LOS VEHÍCULOS AUTÓNOMOS: ESTADO ACTUAL Y PERSPECTIVAS DE FUTURO

Tecnologías actuales

Cambiemos de marcha y exploremos el reino de los vehículos autónomos (VA), donde la IA no sólo conduce, sino que navega por las complejidades de las carreteras con una precisión que pretende igualar y finalmente superar las capacidades humanas. En el corazón de los vehículos autónomos hay sofisticadas tecnologías de IA que integran sensores, modelos de aprendizaje automático y sistemas de navegación avanzados para crear una experiencia de conducción segura y sin fisuras. Los vehículos están equipados con un conjunto de sensores, como LiDAR (Light Detection and Ranging), cámaras, ultrasonidos y radares, que trabajan conjuntamente para proporcionar una visión de 360 grados del entorno. Estos sensores recogen datos en tiempo real sobre cualquier cosa, desde la velocidad de los vehículos cercanos hasta la distancia hasta la próxima señal de stop.

Los modelos de aprendizaje automático desempeñan un papel fundamental en el procesamiento de esta enorme cantidad de datos de sensores. Predicen las acciones de otros usuarios de la carretera y toman decisiones en fracciones de segundo que son cruciales para una conducción segura. Por ejemplo, si un peatón se cruza de repente en la carretera, el sistema de IA del vehículo evalúa rápidamente la situación y decide si parar, reducir la velocidad o desviarse, basándose en la velocidad del vehículo, el movimiento del peatón y la proximidad de otros objetos. Este proceso de toma de decisiones se refina continuamente a medida que los sistemas de IA aprenden de grandes cantidades de datos de conducción, mejorando sus capacidades predictivas con el tiempo.

Los sistemas de navegación de los vehículos autónomos también funcionan con IA, que utiliza mapas detallados y datos en tiempo real para trazar las rutas más eficientes. Estos sistemas se actualizan continuamente con información sobre el estado de las carreteras, la congestión del tráfico e incluso los cambios meteorológicos, garantizando que el vehículo pueda adaptar su ruta sobre la marcha para optimizar el tiempo de viaje y la seguridad.

Seguridad y eficacia

Integrar la IA en los vehículos autónomos aporta mejoras significativas en seguridad y eficiencia, que son primordiales en la evolución del transporte. Estudios y ensayos han demostrado que los vehículos impulsados por IA pueden reducir los accidentes de tráfico, la mayoría de los cuales están causados por errores humanos. Los vehículos autónomos no se distraen ni se cansan, lo que reduce significativamente las posibilidades de accidente. Por ejemplo, en ciudades donde se han probado vehículos autónomos, los resultados han indicado una disminución de las colisiones por alcance y de las infracciones de tráfico, lo que subraya el potencial de estas tecnologías para mejorar la seguridad vial.

La eficiencia es otra ventaja fundamental. Los vehículos autónomos pueden optimizar los patrones de conducción para reducir el consumo de combustible y las emisiones. Al comunicarse entre sí y con los sistemas de gestión del tráfico, estos vehículos pueden sincronizar sus velocidades y rutas, suavizando los flujos de tráfico y reduciendo el tráfico de paradas y arranques, lo que no sólo ahorra tiempo, sino que también disminuye la huella de carbono de la conducción.

Retos normativos y de infraestructuras

Sin embargo, el camino hacia la adopción generalizada de los vehículos autónomos tiene sus baches. Los retos normativos y de infraestructura son obstáculos importantes. Actualmente, existe un mosaico de normativas que regulan los vehículos autónomos, que varían mucho de una jurisdicción a otra. Esta incoherencia puede obstaculizar el despliegue de los AV, ya que los fabricantes deben navegar por un complejo conjunto de leyes que no sólo pueden diferir según el país, sino incluso según el estado o la región dentro de un mismo país.

Además, las infraestructuras viarias existentes no están totalmente equipadas para soportar las necesidades únicas de los vehículos autónomos. La mayoría de las carreteras están diseñadas teniendo en cuenta a los conductores humanos, y se necesita una inversión significativa para actualizar la infraestructura de modo que se adapte mejor a los AV. Esto incluye desde la actualización de las señales de tráfico para que sean legibles por las máquinas, hasta la instalación de sensores en las carreteras para mejorar la comunicación entre vehículos.

Visión de futuro

De cara al futuro, el futuro del transporte con vehículos autónomos impulsados por IA está llamado a ser transformador. Es probable que la planificación urbana y la logística sufran cambios significativos a medida que las ciudades se adapten para dar cabida a los AV. Podemos imaginar entornos urbanos con menos aparcamientos, ya que los coches autónomos pueden dejar a los pasajeros y aparcar ellos mismos de forma eficiente o servir a otros pasajeros. Este cambio podría liberar un valioso espacio urbano para zonas verdes, vías peatonales o viviendas adicionales.

En logística, los vehículos autónomos podrían revolucionar las cadenas de suministro optimizando las rutas y los tiempos de entrega, reduciendo costes y mejorando la fiabilidad del servicio. La integración de los vehículos autónomos podría dar lugar a servicios de entrega más rápidos y eficientes, disponibles 24 horas al día, 7 días a la semana, independientemente de los horarios de trabajo humanos.

A medida que avanzamos hacia el futuro, la integración de la IA en los vehículos autónomos promete no sólo remodelar nuestras carreteras y ciudades, sino también redefinir nuestro propio concepto de movilidad. Adoptar estos cambios requiere un enfoque reflexivo, que equilibre la innovación con la seguridad, la eficiencia y la inclusión para garantizar que los beneficios de los vehículos autónomos se hagan realidad en toda la sociedad.

7.3 EL IMPACTO DE LA IA EN LAS INDUSTRIAS TRADICIONALES

Revolucionando la fabricación

En el bullicioso mundo de la fabricación, la llegada de la IA ha supuesto no sólo mejoras incrementales, sino cambios transformadores que redefinen cómo se fabrican los productos. Es como tener un asistente altamente cualificado que nunca se cansa, aprende continuamente y siempre busca la forma más eficaz de realizar las tareas. En concreto, la aplicación de la IA en la automatización de los procesos de fabricación cambia las reglas del juego. Imagina robots en una cadena de montaje equipados con capacidades de IA que les permitan adaptarse a nuevas tareas mediante el aprendizaje automático. Estos robots pueden realizar tareas de montaje complejas, reducir los errores y aumentar la velocidad de producción, mejorando significativamente la productividad y reduciendo los costes.

El mantenimiento predictivo es otra área crítica en la que la IA está teniendo un impacto sustancial. Analizando los datos de los sensores de las máquinas, la IA puede predecir cuándo es probable que una máquina falle o necesite mantenimiento. Esta previsión permite programar las reparaciones durante los periodos de no producción, minimizando el tiempo de inactividad y manteniendo los flujos de producción estables. Por ejemplo, un sistema de IA podría analizar los datos de vibración de un motor y predecir que es probable que falle en el próximo mes, lo que provocaría un mantenimiento preventivo que evitaría averías inesperadas y costosas interrupciones.

Además, la IA optimiza significativamente la cadena de suministro en la fabricación. Utilizando algoritmos para predecir las demandas del mercado y racionalizar la logística, los sistemas de IA pueden garantizar el suministro de materiales y la distribución eficaz de los productos. Esta optimización reduce los residuos, recorta los costes y mejora los plazos de entrega, haciendo que todo el proceso de fabricación responda mejor a las condiciones del mercado y a las necesidades de los clientes.

Transformar la agricultura

Si nos centramos en el campo de la agricultura, la IA está sembrando innovaciones que prometen alimentar de forma sostenible a una población mundial cada vez mayor. Una de las aplicaciones más notables es el control de los cultivos. Los sistemas basados en IA equipados con drones o imágenes por satélite pueden analizar la salud de los cultivos en vastas zonas, detectando problemas como infestaciones de plagas o deficiencias de nutrientes. Esta tecnología permite a los agricultores abordar los problemas con rapidez y precisión, lo que se traduce en cultivos más sanos y mejores rendimientos.

Los sistemas automatizados de recolección son otra aplicación revolucionaria de la IA en la agricultura. Estos sistemas utilizan la IA para determinar el momento óptimo para cosechar los cultivos, teniendo en cuenta factores como la madurez de la cosecha y las condiciones meteorológicas. Una vez llegado el momento, las máquinas dotadas de IA realizan la recolección, maximizando la eficacia y reduciendo la necesidad de mano de obra. Esta automatización no sólo acelera el proceso de recolección, sino que también ayuda a mitigar los retos de la escasez de mano de obra en la agricultura, garantizando que los cultivos se recolecten en su punto óptimo y se minimicen las pérdidas posteriores a la cosecha.

Estos avances en la agricultura impulsados por la IA ponen de relieve un cambio hacia prácticas agrícolas más sostenibles. Al permitir una agricultura más precisa, la IA ayuda a utilizar de forma más eficiente recursos como el agua, los fertilizantes y los pesticidas, lo que es crucial para una agricultura sostenible. Además, el aumento de la productividad y la reducción de los residuos contribuyen a una mayor seguridad alimentaria, un aspecto esencial mientras la población mundial sigue creciendo.

Innovación en los servicios financieros

Volviendo al sector financiero, la IA está demostrando ser un poderoso aliado en la remodelación de los servicios, desde los parqués hasta la banca personal. La negociación algorítmica, en la que los algoritmos de IA compran y venden acciones a gran velocidad, es un ejemplo excelente. Estos algoritmos pueden analizar rápidamente grandes conjuntos de datos, ejecutar operaciones a los mejores precios posibles y ajustar las estrategias de negociación en tiempo real. Esta capacidad mejora la liquidez del mercado y estabiliza los precios de las acciones, beneficiando a todos los participantes en el mercado.

En la banca personal, la IA está personalizando la experiencia del cliente como nunca antes. Los bancos utilizan la IA para analizar los hábitos de gasto individuales y ofrecer asesoramiento financiero personalizado o recomendaciones de productos. Por ejemplo, si un sistema de IA observa que un cliente incurre con frecuencia en comisiones por descubierto, puede sugerirle un producto bancario que ofrezca protección contra descubiertos o mejores herramientas de gestión. Esta personalización no sólo mejora la satisfacción del cliente, sino que también le ayuda a gestionar sus finanzas con mayor eficacia.

La detección del fraude es otra área en la que la IA está haciendo contribuciones significativas. Al aprender constantemente de las transacciones, la IA puede identificar patrones indicativos de actividad fraudulenta. Cuando detecta un posible fraude, como un patrón de transacción inusual, alerta al banco y al cliente, ayudando a evitar pérdidas antes de que se produzcan. Este enfoque proactivo de la detección del fraude se está volviendo esencial a medida que las transacciones financieras se realizan cada vez más en línea, donde el anonimato y el volumen de las transacciones pueden dificultar la detección del fraude.

Retos y oportunidades

A pesar de estos emocionantes avances, la integración de la IA en las industrias tradicionales no está exenta de desafíos. El desplazamiento de mano de obra es una preocupación importante, ya que la IA y la automatización podrían sustituir puestos de trabajo, especialmente en sectores como la fabricación y la agricultura. Sin embargo, este reto también presenta oportunidades de crecimiento y eficiencia. Las industrias pueden aprovechar la IA para crear nuevas funciones laborales centradas en la gestión de las operaciones de IA y en mejorar la colaboración entre humanos y máquinas, lo que dará lugar a una mano de obra más cualificada.

Además, la necesidad de nuevos conjuntos de capacidades crea oportunidades para que los sectores de la educación y la formación innoven y se expandan, proporcionando plataformas de aprendizaje que puedan dotar a los trabajadores de las capacidades necesarias para prosperar en un futuro impulsado por la IA. A medida que las industrias sigan integrando la IA, la atención debe centrarse en aprovecharla no sólo para la automatización, sino también para aumentar las capacidades humanas, garantizando que la IA actúe como un socio en el progreso y no como un sustituto.

A medida que exploramos el profundo impacto de la IA en diversos sectores, queda claro que, aunque los retos son importantes, las oportunidades de innovación, eficiencia y sostenibilidad son inmensas. Si sortean estos retos con prudencia, las industrias pueden aprovechar la IA para mejorar sus operaciones e impulsar un futuro más productivo y sostenible.

7.4 LA IA EN LA EXPLORACIÓN ESPACIAL: OPORTUNIDADES Y RETOS

Misiones dirigidas por IA

Imagina la inmensidad del espacio, una frontera que sigue siendo en gran medida un misterio a pesar de nuestros mejores esfuerzos debido a su enorme magnitud y complejidad. Aquí, la Inteligencia Artificial (IA) no es sólo una herramienta útil; es un socio crítico de la misión. El papel de la IA en la exploración espacial es fundamental, ya que se encarga de tareas que van desde el análisis de datos astronómicos hasta el funcionamiento de vehículos exploradores en planetas lejanos. Por ejemplo, los algoritmos de IA procesan datos de telescopios como el Telescopio Espacial Hubble, identificando y clasificando cuerpos celestes, e incluso detectando fenómenos como exoplanetas que podrían estar oscurecidos o ser demasiado sutiles para los ojos humanos. El volumen y la complejidad de estos datos hacen de la IA una herramienta indispensable para los astrónomos, que confían en su capacidad de procesamiento para descubrir nuevos conocimientos sobre nuestro universo.

Más allá de la observación, la IA desempeña un papel práctico en la exploración interplanetaria. Los vehículos exploradores de Marte, por ejemplo, están equipados con sistemas controlados por IA que les permiten navegar por el terreno marciano de forma autónoma. Estos sistemas analizan el terreno para evitar obstáculos, seleccionar trayectorias e incluso realizar experimentos científicos sin intervención humana directa. Esta autonomía es crucial, dado el importante retraso de las comunicaciones entre la Tierra y Marte, que puede ser de hasta 20 minutos en un sentido. Este retraso hace imposible el control en tiempo real, por lo que los robots deben pensar por sí mismos, tomando decisiones sobre la marcha acerca de sus movimientos y tareas. Del mismo modo, la IA forma parte integrante de las comunicaciones por satélite, gestionando complejas redes de satélites que deben ajustar sus operaciones en respuesta a las condiciones y órdenes cambiantes. Estos satélites se encargan de todo, desde la navegación GPS hasta la predicción meteorológica, y la IA ayuda a optimizar sus rutas y tareas de gestión de datos para garantizar la eficacia y la precisión.

Mejorar la investigación y los descubrimientos

El procesamiento de ingentes cantidades de datos espaciales por la IA abre las puertas a descubrimientos que antes estaban fuera del alcance humano. El enorme volumen de datos generados por las misiones de exploración espacial es asombroso. Por ejemplo, una sola pasada de un telescopio espacial puede generar terabytes de datos, capturando información que podría contener las claves para comprender los orígenes del universo o identificar planetas potencialmente habitables. La IA destaca en la criba de estos datos, identificando patrones, anomalías y correlaciones que podrían eludir incluso a los astrónomos más capacitados.

Además, la capacidad de la IA para simular fenómenos espaciales complejos mediante modelos y simulaciones permite a los investigadores formular hipótesis y probar teorías a velocidades y con una precisión que los cálculos manuales nunca podrían alcanzar. Estas simulaciones pueden imitarlo todo, desde la formación de las galaxias hasta el comportamiento de los agujeros negros, proporcionando conocimientos inestimables que guían las estrategias de investigación y exploración posteriores. La capacidad de iterar y refinar rápidamente estos modelos basándose en nuevos datos y descubrimientos acelera el ritmo de la ciencia espacial, ampliando los límites de lo que sabemos sobre el cosmos.

Autonomía de navegación

Navegar por el espacio es un reto de precisión y fiabilidad, en el que incluso un pequeño error puede llevar al fracaso de la misión. Los sistemas de IA a bordo de las naves espaciales proporcionan una guía de navegación crítica, que permite a estas naves recorrer grandes distancias con una precisión notable. Estos sistemas procesan datos de diversas fuentes, como rastreadores estelares y sensores, para determinar con precisión la posición y la trayectoria de la nave espacial. Estos datos son cruciales no sólo para mantener el rumbo, sino también para maniobrar en entornos potencialmente peligrosos, como los cinturones de asteroides o los complejos campos gravitatorios de los sistemas planetarios.

La navegación autónoma se vuelve aún más crítica cuando apuntamos a objetivos lejanos como asteroides o los planetas exteriores. En estas misiones, la capacidad de la IA para tomar decisiones rápidas sobre ajustes de trayectoria o maniobras de emergencia puede marcar la diferencia entre el éxito y el fracaso. Esta autonomía garantiza que las naves espaciales puedan responder a situaciones inesperadas en tiempo real, una capacidad esencial cuando la intervención humana puede ser demasiado lenta o imposible debido a las distancias.

Afrontar los retos

A pesar de su enorme potencial, el uso de la IA en la exploración espacial tiene sus retos. Las condiciones extremas del espacio, incluidos los altos niveles de radiación, las grandes temperaturas extremas y el vacío del espacio, plantean retos únicos al hardware y al software de la IA. La radiación puede corromper los datos y dañar los circuitos electrónicos, mientras que las temperaturas extremas pueden hacer que falle el hardware. Desarrollar sistemas de IA que puedan soportar estas condiciones requiere una ingeniería robusta y una innovación constante.

Además, la capacidad limitada para transmitir datos a través de las enormes distancias del espacio presenta otro reto importante. El ancho de banda es limitado y los tiempos de transmisión pueden ser largos, por lo que no resulta práctico enviar grandes volúmenes de datos brutos a la Tierra para su procesamiento. Por lo tanto, los sistemas de IA deben tener la capacidad de procesar y priorizar los datos localmente, enviando sólo la información más relevante. Esta necesidad de autonomía de alto nivel y capacidad de toma de decisiones impone exigencias adicionales a los sistemas de IA, impulsando el desarrollo de tecnologías de IA más avanzadas y fiables.

Superar estos retos requiere un esfuerzo concertado y la colaboración entre tecnólogos, ingenieros y científicos. A medida que sigamos ampliando los límites de la exploración espacial, la IA desempeñará sin duda un papel central, no sólo como herramienta, sino como piedra angular del diseño y la ejecución de las misiones, configurando el futuro de cómo exploramos y comprendemos nuestro universo.

7.5 LA EVOLUCIÓN DE LA IA EN LOS JUEGOS

En el panorama en constante evolución de los videojuegos, la inteligencia artificial ha pasado de ser una herramienta entre bastidores a un componente esencial del desarrollo del juego y de la interacción con el jugador. La IA en los juegos va más allá de la simple mejora de los gráficos o la optimización del rendimiento; cambia fundamentalmente la forma en que se diseñan y se juegan los juegos. Los desarrolladores de juegos utilizan ahora la IA para crear entornos más dinámicos y receptivos, así como para simular comportamientos realistas de los personajes, haciendo que las experiencias de juego sean más envolventes y atractivas que nunca.

Cuando juegas a un videojuego moderno, los entornos que exploras y los personajes con los que interactúas suelen estar potenciados por sofisticados sistemas de IA. Estos sistemas hacen que los entornos del juego respondan a tus acciones en tiempo real, creando un mundo que parece vivo e interactivo. Por ejemplo, en los juegos de mundo abierto, la IA puede controlar los sistemas meteorológicos, los ciclos día-noche e incluso el comportamiento de las multitudes, todo lo cual reacciona y evoluciona en función de tus decisiones de juego. Esta capacidad de respuesta hace que el entorno del juego se parezca más al mundo real, donde las acciones tienen consecuencias y el escenario cambia con el tiempo.

La simulación del comportamiento de los personajes es otra área en la que la IA brilla en el desarrollo de juegos. Los personajes no jugadores (PNJ) con los que te encuentras no son meros entes guionizados, sino que están dotados de una IA que les permite reaccionar de forma inteligente a tus acciones y a la evolución de la trama del juego. Este comportamiento basado en la IA incluye todo, desde las tácticas de combate empleadas por los enemigos hasta las interacciones sociales que mantienes con otros personajes del juego. Por ejemplo, los personajes enemigos pueden aprender de tus movimientos de combate anteriores y adaptar su estrategia para contrarrestar los tuyos, añadiendo una capa de desafío e imprevisibilidad que mantiene el atractivo del juego.

El impacto de la IA en la experiencia del jugador se extiende a la personalización y la adaptabilidad, transformando la forma en que los juegos se adaptan a los distintos tipos de jugadores. Los algoritmos de IA analizan tu estilo de juego, rendimiento y preferencias para ajustar automáticamente los niveles de dificultad del juego. Esta dificultad adaptativa ayuda a mantener una experiencia de juego desafiante pero alcanzable, garantizando que tanto los novatos como los jugadores experimentados encuentren el juego atractivo. Además, la IA mejora la narración interactiva, en la que la narrativa cambia en función de tus decisiones. Esta personalización hace que tu experiencia de juego sea única, ya que la historia se desarrolla de forma diferente para cada jugador en función de las decisiones que tome, lo que da lugar a múltiples finales y arcos argumentales posibles.

La IA también se mete en el papel de un jugador dentro de los juegos, proporcionando nuevos retos e interacciones que enriquecen la experiencia de juego. En juegos estratégicos como el ajedrez o en eSports más complejos, los jugadores de IA pueden rendir a altos niveles, desafiando incluso a los mejores jugadores humanos. Estos oponentes de IA aprenden de cada partida que juegan, mejorando y adaptando continuamente sus estrategias. Esta capacidad no sólo convierte a los jugadores de IA en oponentes formidables, sino que también ofrece a los jugadores humanos la oportunidad de aprender y mejorar sus habilidades analizando las estrategias de juego de la IA.

Mirando hacia el futuro, la IA en los juegos está llamada a revolucionar el campo con experiencias de realidad virtual (RV) totalmente interactivas e inmersivas. Imagina entrar en un juego en el que cada elemento, desde el entorno hasta los personajes, esté controlado por la IA, creando una experiencia completamente inmersiva que se adapta y evoluciona en tiempo real. En estos escenarios, la IA podría controlar el flujo narrativo, adaptar el entorno a tus acciones, e incluso alterar el argumento en función de tus respuestas emocionales, detectadas mediante retroalimentación biométrica. Este nivel de interactividad podría transformar el juego en una experiencia que desdibujara los límites entre lo virtual y lo real, proporcionando una plataforma para una narración verdaderamente personalizada y dinámica.

A medida que la IA sigue avanzando, su integración en los juegos promete ofrecer experiencias cada vez más inmersivas, personalizadas y desafiantes. El uso de la IA no sólo mejora el disfrute y la participación en los juegos, sino que también amplía los límites de lo que los juegos pueden lograr, siendo pioneros en nuevas formas de interactuar con los mundos digitales. A la espera de estos avances, está claro que la IA seguirá desempeñando un papel fundamental en la configuración del futuro de los juegos, impulsando innovaciones que redefinirán los límites de esta industria vibrante y creativa.

7.6 EL ANÁLISIS PREDICTIVO EN LA EMPRESA: CÓMO LA IA PREVÉ LAS TENDENCIAS DEL MERCADO

Conceptos básicos del análisis predictivo

Sumergiéndonos en el mundo de los negocios, vamos a desplegar cómo la IA no se limita a participar, sino que predice y moldea activamente las futuras tendencias del mercado. El análisis predictivo, una importante rama de la ciencia de datos que implica algoritmos estadísticos y técnicas de aprendizaje automático, consiste en comprender el pasado para prever el futuro. Este sofisticado análisis permite a las empresas ver patrones dentro de grandes cantidades de datos, ayudándolas a predecir resultados futuros basándose en tendencias históricas. Imagínatelo como una previsión de alta potencia que no sólo predice si puede llover, sino que también anticipa el momento probable y la intensidad de la lluvia basándose en patrones meteorológicos históricos. En términos empresariales, esto podría relacionarse con la predicción del comportamiento de los consumidores, los niveles de existencias o los posibles picos de ventas, permitiendo a las empresas tomar decisiones informadas que se ajusten estrechamente a las futuras demandas del mercado.

El papel del análisis predictivo en el entorno empresarial actual es transformador. Permite a las empresas pasar de una postura reactiva a una proactiva. Las empresas ya no se limitan a reaccionar ante las tendencias y los patrones, sino que se anticipan a ellos y adaptan las estrategias en tiempo real. Este cambio no sólo mejora la eficiencia, sino que también proporciona una importante ventaja competitiva en unos mercados que cambian rápidamente. Al comprender los posibles escenarios futuros, las empresas pueden elaborar estrategias que se adapten a los cambios venideros, asegurándose de ir siempre un paso por delante.

Aplicaciones en el comercio minorista y electrónico

En el comercio minorista y electrónico, el análisis predictivo es como tener una bola de cristal que revela lo que los clientes podrían querer incluso antes de que ellos mismos lo sepan. Por ejemplo, analizando los datos de compras anteriores junto con los hábitos de navegación y los datos demográficos de los clientes, la IA puede predecir las tendencias de compra futuras. Esta previsión permite a los minoristas almacenar productos con mayor precisión, gestionar los niveles de inventario e incluso ajustar los precios de forma dinámica para satisfacer la demanda prevista sin excederse ni quedarse cortos.

El marketing personalizado, otra aplicación fundamental, utiliza la IA para adaptar los anuncios y las promociones a cada consumidor. Imagina recibir un cupón para tu tentempié favorito justo cuando se te antoja, o una oferta para un par de zapatos que has mirado varias veces en Internet. Este nivel de personalización no sólo mejora la experiencia de compra del consumidor, sino que también aumenta la eficacia de las campañas de marketing para las empresas.

Además, el análisis predictivo impulsado por la IA desempeña un papel crucial en la gestión del inventario, un reto perenne en el sector minorista. Al predecir los productos más populares de la próxima temporada, la IA ayuda a los minoristas a optimizar sus niveles de existencias, garantizando que tengan suficiente suministro para satisfacer la demanda sin excedentes excesivos. Esta optimización es crucial para mantener el flujo de caja y reducir los costes de mantenimiento, impulsando así la eficiencia general del negocio.

Mejorar la toma de decisiones

Los conocimientos basados en la IA apoyan cada vez más las decisiones estratégicas que dirigen a las empresas hacia el éxito. El análisis predictivo proporciona una base para tomar decisiones más inteligentes, basadas en datos. En las reuniones estratégicas, donde antes dominaban las corazonadas y la experiencia, ahora son las predicciones informadas y las previsiones respaldadas por datos las que marcan el camino. Esta evolución en los procesos de toma de decisiones ayuda a las empresas a minimizar los riesgos y aprovechar las oportunidades con más confianza.

Por ejemplo, el análisis predictivo puede ayudar a una empresa a decidir si expandirse a un nuevo mercado, lanzar una nueva línea de productos o ajustar las estrategias de marketing. Analizando los datos sobre los comportamientos de los consumidores, las condiciones económicas y el panorama competitivo, la IA puede proporcionar escenarios que pronostiquen el éxito potencial de cada decisión. Esta capacidad permite a las empresas elaborar estrategias con una comprensión clara de los posibles resultados, reduciendo significativamente la incertidumbre y permitiendo una planificación más eficaz.

Retos y limitaciones

A pesar de su enorme potencial, el análisis predictivo tiene sus retos. La calidad de los datos es una preocupación primordial; el viejo adagio "basura entra, basura sale" es especialmente cierto en el análisis predictivo. Unos datos de mala calidad, imprecisos o sesgados pueden dar lugar a predicciones erróneas, que podrían llevar a las empresas por mal camino. Además, la complejidad de la modelización puede ser un obstáculo importante. El comportamiento de los mercados y los consumidores no siempre es predecible, y las variables inesperadas pueden dar lugar a previsiones incorrectas. El elemento humano -irracionalidad, emoción e imprevisibilidad- añade otra capa de complejidad que puede confundir incluso a los modelos más sofisticados.

Además, las consideraciones éticas en torno a la privacidad y el consentimiento están cada vez más en primer plano cuando las empresas navegan por el uso de datos personales en el análisis predictivo. Equilibrar los beneficios de la información predictiva con la necesidad de respetar la privacidad y la confianza del consumidor es un acto delicado que las empresas deben gestionar con cuidado.

En conclusión, el análisis predictivo se erige como un faro de cómo la IA está remodelando el panorama empresarial, ofreciendo herramientas que anticipan el futuro y le dan forma. Mientras las empresas siguen navegando y aprovechando estas tecnologías, el camino a seguir implica no sólo abrazar el poder del análisis predictivo, sino también abordar sus retos con innovación, responsabilidad y un compromiso inquebrantable con las prácticas éticas. En el próximo capítulo exploraremos cómo se está integrando esta poderosa herramienta en sistemas y entornos más complejos, ampliando los límites de lo que las empresas creían posible.

8

COMPROMETERSE CULTURAL Y SOCIALMENTE CON LA IA

A medida que profundizamos en el papel expansivo de la Inteligencia Artificial en la configuración de nuestra cultura y sociedad, se hace evidente que la IA no es sólo una herramienta tecnológica, sino una fuerza cultural significativa. Este capítulo te invita a explorar la intrigante intersección de la IA y la creatividad, especialmente en el ámbito del arte. El arte, reflejo de las experiencias y emociones humanas, podría parecer un campo improbable para la integración de la IA. Sin embargo, la colaboración entre artistas e IA revela una fascinante mezcla de ingenio humano y precisión algorítmica, abriendo nuevas vías para la expresión creativa.

8.1 IA Y ARTE: EXPLORANDO LA INTERSECCIÓN ENTRE TECNOLOGÍA Y CREATIVIDAD

Creaciones en colaboración

Imagina un escenario en el que un artista esboza los contornos de un paisaje, y un sistema de IA completa la pintura, infundiéndole colores y texturas que el artista podría no haber imaginado. Esto no es una mirada a un futuro lejano, sino una realidad actual, en la que los artistas y la IA colaboran para superar los límites de las formas artísticas tradicionales. En estas colaboraciones, la IA no sustituye al artista, sino que trabaja como cocreadora, ofreciendo nuevas herramientas y posibilidades que mejoran el proceso creativo. Por ejemplo, los algoritmos de IA analizan vastos conjuntos de datos de estilos y técnicas, lo que les permite sugerir o incluso generar características novedosas en las obras de arte que pueden inspirar a los artistas. Estas asociaciones podrían dar lugar a creaciones que ni los humanos ni las máquinas podrían haber logrado por sí solos, poniendo de relieve la naturaleza complementaria de la colaboración entre humanos y máquinas.

La IA como herramienta y artista

Aunque el papel de la IA como herramienta para potenciar la creatividad artística está ampliamente aceptado, su posición como creador autónomo suscita debates sobre la autoría y la esencia de la creatividad. ¿Puede una máquina ser realmente creativa, o se limita a imitar patrones que ha aprendido analizando obras de arte existentes? Cuando la IA crea arte, a menudo lo hace basándose en parámetros establecidos por programadores humanos y aprende de un corpus de piezas creadas por humanos. Sin embargo, cuando la IA produce algo inesperado o novedoso, algunos sostienen que está mostrando una auténtica destreza creativa. Esto plantea cuestiones intrigantes sobre la naturaleza del arte y la creatividad, desafiando la visión tradicional que asocia la creatividad únicamente con la conciencia humana.

Impacto en el mercado del arte

La aparición de la IA en el arte también está remodelando el mercado del arte, influyendo tanto en la valoración como en la percepción de las obras de arte. El arte generado por IA ha empezado a encontrar su lugar en galerías y subastas, alcanzando a veces precios elevados que rivalizan con los de artistas humanos consagrados. Este cambio no está exento de polémica, ya que desafía las nociones tradicionales de valor y originalidad en el arte. Los críticos sostienen que el arte creado por la IA podría carecer de la profundidad y el contexto que los artistas humanos aportan a su obra, mientras que los defensores creen que la IA introduce una nueva estética que puede coexistir con el arte hecho por humanos. A medida que la IA siga introduciéndose en el mundo del arte, es probable que provoque nuevos debates sobre lo que constituye el valor y la originalidad en el arte.

Consideraciones éticas y culturales

La integración de la IA en el arte también plantea consideraciones éticas y culturales. Una preocupación es la apropiación cultural, en la que la IA, entrenada en un conjunto de datos global, podría crear obras de arte que utilicen elementos de culturas sin comprender ni respetar su significado. Además, preocupa la autenticidad del arte generado por IA. ¿Pierde una obra de arte su autenticidad si el creador no es humano? Estas cuestiones no son sólo filosóficas, sino que tienen implicaciones prácticas para las leyes de derechos de autor y los derechos de los artistas. A medida que la IA se hace más frecuente en los campos creativos, es crucial navegar por estas aguas éticas con cuidado para garantizar que la IA mejore la diversidad cultural y la integridad artística en lugar de disminuirlas.

Elemento interactivo: Ejercicio de reflexión

Considera el papel de la IA en tus propias experiencias con el arte. ¿Recuerdas algún caso en el que hayas interactuado con contenidos generados por IA, quizás en música, artes visuales o escritura? Reflexiona sobre cómo te hizo sentir esa experiencia sobre la mezcla de tecnología y creatividad. ¿Fue diferente de experimentar el arte hecho por humanos? Esta reflexión puede ayudarte a comprender mejor tu postura personal sobre el panorama en evolución de la IA en el arte.

8.2 CÓMO LA IA ESTÁ DANDO FORMA A LA COMUNICACIÓN MODERNA

En nuestro mundo interconectado, la comunicación es un puente vital entre culturas, comunidades e individuos. La Inteligencia Artificial está desempeñando un papel cada vez más importante en la mejora y transformación de cómo nos conectamos y comunicamos. Profundicemos en cómo la IA está derribando las barreras lingüísticas, personalizando nuestro consumo de medios de comunicación, revolucionando el servicio al cliente y sorteando los retos que conlleva.

Lengua y traducción

Uno de los efectos más profundos de la IA en la comunicación es su capacidad para derribar las barreras lingüísticas que históricamente han obstaculizado la interacción global. Los servicios avanzados de traducción impulsados por la IA no se limitan a convertir texto de una lengua a otra, sino que crean oportunidades para un entendimiento y una conexión más profundos. Estos sistemas de IA, que utilizan algoritmos complejos como la traducción automática neuronal, aprenden de grandes cantidades de datos de texto para proporcionar traducciones que no sólo son precisas, sino también contextualmente apropiadas. Por ejemplo, plataformas como Google Translate ayudan a los usuarios a navegar por sitios web, documentos e incluso conversaciones en tiempo real en idiomas que no hablan. Esta capacidad no es sólo cómoda; es un puente que fomenta los negocios internacionales, las oportunidades educativas y el intercambio cultural, haciendo del mundo un lugar más pequeño y accesible.

Personalización de contenidos

Mientras te desplazas por tus feeds de redes sociales o ves vídeos en plataformas de streaming, la IA está trabajando silenciosamente en segundo plano, personalizando tu contenido. Esta personalización es posible gracias a algoritmos de IA que analizan tus patrones de interacción -lo que te gusta, compartes o dedicas tiempo a ver- y ajustan el contenido que ves en consecuencia. Esta personalización impulsada por la IA da forma no sólo a la información que consumes, sino también a cómo percibes el mundo. Aunque esto puede mejorar tu experiencia manteniéndote enganchado al contenido que te interesa, también plantea la preocupación de crear cámaras de eco donde se filtren puntos de vista diversos. Por tanto, el papel de la IA en el consumo de medios de comunicación es un arma de doble filo que ofrece experiencias a medida y, al mismo tiempo, puede reducir nuestra visión del mundo.

La IA en la atención al cliente

El servicio de atención al cliente es otra área en la que la IA está teniendo un impacto significativo. Los chatbots y asistentes virtuales potenciados por IA son ahora comunes en los sitios web y en las operaciones de atención al cliente, proporcionando respuestas rápidas a las consultas de los clientes y a los problemas de asistencia. Estos sistemas de IA se entrenan con datos de miles de interacciones con clientes, lo que les permite gestionar una amplia gama de consultas con una sofisticación cada vez mayor. Por ejemplo, si alguna vez has interactuado con un asistente virtual para reservar un vuelo u obtener recomendaciones de productos, has experimentado la IA en acción. Estos sistemas pueden funcionar las veinticuatro horas del día, proporcionando un nivel de consistencia y disponibilidad del servicio que es difícil de alcanzar para los equipos formados únicamente por humanos. Sin embargo, aunque ofrecen eficiencia, hay matices en la comunicación humana que la IA aún no ha captado del todo, lo que a veces da lugar a respuestas que carecen de la empatía o comprensión que proporcionaría un agente humano.

Retos de la comunicación mediada por IA

A pesar de las ventajas, la integración de la IA en los canales de comunicación es un reto. La preocupación por la privacidad está en primer plano, ya que estos sistemas de IA a menudo necesitan acceder a datos personales para funcionar eficazmente. Hay un debate en curso sobre las compensaciones entre las experiencias personalizadas y la privacidad, y cada vez se piden más normativas para proteger los datos de los usuarios. Además, la dependencia de la IA para la comunicación puede llevar a una pérdida del toque personal, un elemento crítico en la interacción humana. En el servicio de atención al cliente, por ejemplo, aunque la IA puede gestionar consultas rutinarias con eficacia, las cuestiones complejas o delicadas a menudo requieren la empatía y la comprensión de un agente humano. Equilibrar la eficacia de la IA con las cualidades insustituibles de la interacción humana es un reto que sigue configurando el futuro de la IA en la comunicación.

Al navegar por estas complejidades, está claro que la IA está remodelando el panorama de la comunicación de formas profundas. Desde derribar las barreras lingüísticas hasta personalizar las experiencias digitales y transformar el servicio al cliente, el papel de la IA en la comunicación es polifacético y poderoso. Sin embargo, por mucho que la IA mejore nuestra capacidad de conectar e interactuar, también nos desafía a replantearnos la ética y las repercusiones de la comunicación mediada. A medida que sigamos integrando la IA en nuestros sistemas de comunicación, será crucial mantener un equilibrio entre el aprovechamiento de la tecnología y la preservación de los elementos humanos de la conexión.

8.3 EL PAPEL DE LA IA EN LA CONSTRUCCIÓN DE ENTORNOS SOSTENIBLES

Cuando hablamos de sostenibilidad, a menudo es en el contexto de la conservación de los recursos naturales y la reducción de nuestra huella ecológica. La Inteligencia Artificial está desempeñando un papel crucial en este ámbito, no sólo optimizando el uso de los recursos, sino también vigilando los cambios medioambientales que podrían tener repercusiones a largo plazo en nuestro planeta. La capacidad de la IA para procesar grandes cantidades de datos con rapidez y precisión supone un cambio de juego en la conservación y gestión del medio ambiente.

La aplicación de la IA a la vigilancia medioambiental es un excelente ejemplo de la tecnología como fuerza del bien. Se despliegan sensores equipados con IA en diversos ecosistemas para recoger datos sobre todo tipo de cosas, desde la temperatura y la humedad hasta los niveles de contaminación y la actividad de la fauna. Estos datos se analizan después para seguir los cambios y tendencias medioambientales. Por ejemplo, los algoritmos de IA pueden predecir cambios en la calidad del agua o en los niveles de contaminación atmosférica analizando patrones de datos históricos y mediciones actuales. Este tipo de seguimiento permite responder más rápidamente a las amenazas medioambientales, como notificar a las ciudades los días de mala calidad del aire o ajustar los protocolos de tratamiento del agua en tiempo real para garantizar el cumplimiento de las normas de seguridad. Al proporcionar una comprensión más completa de la dinámica medioambiental, la IA permite una gestión más eficaz de los recursos naturales, garantizando que se utilicen de forma eficiente y sostenible.

El concepto de ciudades inteligentes, en las que todos los dispositivos, hogares y vehículos están interconectados y optimizados inteligentemente para la eficiencia energética, es otra área en la que la IA está teniendo un impacto significativo. En las ciudades inteligentes, la IA se utiliza para analizar los patrones de tráfico con el fin de optimizar los tiempos de las señales y reducir la congestión, lo que a su vez puede disminuir las emisiones de los vehículos. El uso de la energía es otro foco importante; los sistemas de IA gestionan la distribución de electricidad basándose en datos de demanda y suministro en tiempo real, reduciendo el despilfarro y aumentando la eficiencia. Por ejemplo, las farolas de una ciudad inteligente impulsada por la IA pueden ajustar su brillo en función de la presencia de peatones, ahorrando energía cuando no es necesario el brillo total. Estas aplicaciones de la IA no sólo mejoran la calidad de la vida urbana, sino que también contribuyen a los objetivos más amplios de reducir el consumo de energía y minimizar el impacto medioambiental.

Al pasar a las energías renovables, el papel de la IA se hace aún más crítico. La variabilidad de las fuentes renovables, como la energía solar y eólica, siempre ha sido un reto para las redes energéticas. La IA ayuda a mitigarlo optimizando la producción y distribución de energía basándose en modelos predictivos que tienen en cuenta las previsiones meteorológicas, la producción actual de energía y los patrones de consumo. En los sistemas de energía solar, la IA puede predecir el ángulo óptimo de los paneles solares a lo largo del día para maximizar la captación de energía. En el caso de la energía eólica, los algoritmos de IA analizan las previsiones del viento para predecir la producción de energía, lo que permite una mejor integración en la red eléctrica. Estas optimizaciones garantizan que las fuentes de energía renovables no sólo sean viables, sino que se utilicen de la manera más eficiente posible.

Sin embargo, la integración de la IA en las estrategias medioambientales no está exenta de consideraciones éticas. Una de las principales preocupaciones es la posibilidad de sesgo en los procesos de toma de decisiones. Los sistemas de IA sólo son tan buenos como los datos con los que se entrenan, y si estos datos están sesgados, las decisiones tomadas por la IA podrían favorecer a determinados grupos o regiones en detrimento de otros. Esto es especialmente problemático en contextos medioambientales, donde una distribución injusta de los recursos puede tener consecuencias nefastas. Además, utilizar la IA para controlar y gestionar los recursos naturales plantea importantes problemas de privacidad. Los datos recogidos pueden ser muy delicados, y deben adoptarse medidas estrictas para proteger esta información y garantizar que se utiliza de forma ética.

A medida que seguimos explorando las capacidades de la IA para fomentar entornos sostenibles, queda claro que, aunque la IA ofrece poderosas herramientas para la conservación del medio ambiente y la gestión de los recursos , también requiere una cuidadosa consideración de las implicaciones éticas. Equilibrar estos factores es esencial a medida que aprovechamos el potencial de la IA para ayudarnos a lograr un futuro más sostenible.

8.4 COMPRENDER LA INFLUENCIA DE LA IA EN LOS MEDIOS DE COMUNICACIÓN Y LA INFORMACIÓN

En el panorama en constante evolución de los medios de comunicación y la información, la Inteligencia Artificial desempeña un papel fundamental, sobre todo en la forma en que se producen y consumen las noticias. La integración de la IA en las redacciones está transformando la industria periodística, automatizando tareas que antes requerían un gran esfuerzo humano e influyendo sutilmente en el tejido de la integridad y la objetividad de los medios de comunicación. Exploremos cómo la IA está reconfigurando la producción de noticias, las complejidades de la parcialidad y la manipulación en los contenidos elaborados por la IA, el papel de la IA en la lucha contra la desinformación y los posibles cambios futuros en el consumo de los medios de comunicación.

La IA en la producción de noticias no es sólo una cuestión de eficiencia; se trata de redefinir lo que es posible en la creación de contenidos. El periodismo automatizado, en el que los sistemas de IA generan artículos de noticias a partir de datos, es cada vez más frecuente. Estos sistemas pueden convertir rápidamente datos deportivos en informes de partidos o datos financieros en actualizaciones de ganancias, tareas que llevarían mucho más tiempo si las realizaran seres humanos. Por ejemplo, los principales medios de comunicación utilizan plataformas basadas en IA, como Wordsmith de Automated Insights, para producir contenidos a una escala y velocidad imposibles para los periodistas humanos por sí solos. Esta capacidad permite a los medios de comunicación cubrir más temas y acontecimientos, aumentando potencialmente la diversidad de las noticias. Sin embargo, la dependencia de la IA para la generación de contenidos plantea dudas sobre la profundidad y los matices de la información. Aunque la IA es excelente trabajando con datos estructurados, carece de la capacidad del periodista humano para percibir el contexto o realizar reportajes de investigación en profundidad. Por tanto, aunque la IA puede aumentar las capacidades de las redacciones, no sustituye el pensamiento crítico y el juicio ético que aportan los periodistas humanos.

La conversación sobre la IA en los medios de comunicación conduce inevitablemente a la cuestión de la parcialidad y la manipulación. Los sistemas de IA son tan imparciales como los datos con los que se entrenan y los algoritmos que los dirigen. Si se alimenta a un sistema de IA con contenido informativo sesgado, es probable que sus resultados perpetúen esos sesgos. Esto puede afectar profundamente a la opinión pública y a la democracia, ya que el contenido sesgado generado por la IA podría influir en las opiniones políticas o manipular el sentimiento público. Además, los algoritmos que personalizan las noticias en las plataformas sociales pueden crear cámaras de eco, reforzando las creencias de los usuarios y polarizando aún más a la sociedad. El reto consiste en desarrollar sistemas de IA que puedan detectar y mitigar la parcialidad, garantizando que las noticias que producen y conservan promuevan una visión equilibrada y apoyen un discurso público informado.

En la lucha contra la desinformación, las herramientas de IA ofrecen un rayo de esperanza. La IA está revolucionando la comprobación de los hechos, una tarea crítica pero que requiere muchos recursos. Los sistemas automatizados de comprobación de hechos pueden verificar rápidamente las afirmaciones cotejándolas con fuentes y bases de datos creíbles, proporcionando ayuda en tiempo real a los periodistas y al público. Por ejemplo, herramientas como Full Fact, en el Reino Unido, utilizan la IA para controlar los flujos de noticias online y de televisión en directo, con el fin de cotejar las afirmaciones con hechos previamente verificados. Esto no sólo acelera el proceso de comprobación de hechos, sino que también aumenta su alcance, frenando potencialmente la difusión de información falsa. Sin embargo, a medida que los sistemas de IA se vuelven más expertos en identificar falsedades, también avanzan las técnicas utilizadas para crear desinformación sofisticada, como los deepfakes. Esta batalla continua entre la desinformación y las tecnologías de comprobación de hechos subraya la necesidad de mejoras continuas en las capacidades de la IA para salvaguardar la verdad en los medios de comunicación.

De cara al futuro, el papel de la IA en el consumo de medios de comunicación está llamado a ampliarse aún más. A medida que las tecnologías de IA se vuelvan más sofisticadas, determinarán cada vez más cómo se produce, distribuye y consume la información. Podemos anticipar experiencias mediáticas más personalizadas e interactivas, en las que la IA no sólo elabore contenidos que se ajusten a nuestras preferencias, sino que también interactúe con nosotros de formas más atractivas y envolventes. Las noticias de realidad virtual, los informes interactivos generados por IA y las actualizaciones de noticias en tiempo real adaptadas a contextos individuales podrían convertirse en la norma. Estos avances podrían transformar el consumo pasivo de medios en una experiencia activa y personalizada, cambiando la forma en que entendemos e interactuamos con el mundo que nos rodea. Mientras nos encontramos al borde de estos cambios transformadores, es crucial navegar por los avances de la IA en con una mirada crítica hacia el mantenimiento de las normas éticas y la garantía de que la proliferación de las tecnologías de IA mejore, en lugar de socavar, los principios fundamentales del periodismo y el discurso público.

8.5 LA IA EN LA GOBERNANZA: MEJORAR LOS SERVICIOS PÚBLICOS Y LAS POLÍTICAS

Imagina una ciudad en la que los atascos sean raros, los servicios de salud pública sean proactivos y las decisiones políticas se tomen sobre bases sólidas y basadas en datos. No se trata de un sueño utópico, sino de una realidad práctica formada por la integración de la Inteligencia Artificial en la gobernanza. El potencial de la IA para mejorar la eficiencia y la accesibilidad de los servicios públicos es monumental. Mediante el análisis predictivo, la IA está transformando la asistencia sanitaria al identificar posibles crisis sanitarias antes de que se conviertan en epidemias. En el transporte público, la IA optimiza el flujo del tráfico, reduciendo la congestión y mejorando la experiencia de los viajeros. Por ejemplo, los sistemas de IA analizan grandes cantidades de datos de sensores de tráfico y sistemas de transporte público para predecir y gestionar los patrones de tráfico. Al hacerlo, ayudan a los planificadores urbanos a aplicar estrategias dinámicas de encaminamiento del tráfico que mantienen a los vehículos en movimiento sin problemas, ahorrando tiempo a los viajeros y reduciendo el impacto medioambiental de los motores parados.

El papel de la IA va más allá de las optimizaciones logísticas; se está convirtiendo en una herramienta fundamental en la elaboración de políticas. Los gobiernos y los organismos públicos recurren cada vez más a la IA para que les ayude a cribar datos complejos y extraer información procesable. Este proceso, conocido como toma de decisiones basada en datos, permite que las políticas no sólo respondan, sino que también se anticipen. Los algoritmos de IA pueden simular el impacto potencial de las decisiones políticas, ayudando a los responsables políticos a ver los efectos de sus acciones antes de que se apliquen. Por ejemplo, los modelos de IA podrían simular el impacto económico de un cambio fiscal propuesto, ayudando a identificar posibles beneficios y escollos. Esta capacidad hace que la elaboración de políticas sea más estratégica y menos propensa a consecuencias imprevistas, lo que conduce a una gobernanza más estable y eficaz.

Sin embargo, el uso de la IA en la gobernanza también requiere un marco sólido de transparencia y responsabilidad. Los procesos de toma de decisiones influidos por la IA deben ser transparentes para mantener la confianza pública. Los ciudadanos deben comprender cómo se toman las decisiones que afectan a sus vidas, y el papel de la IA en este proceso debe estar claro. Esto es crucial porque, sin transparencia, aumenta el riesgo de desconfianza en las decisiones impulsadas por la IA. La rendición de cuentas es igualmente importante; deben existir mecanismos que garanticen que las decisiones tomadas con ayuda de la IA son justas, éticas y de interés público. Esto incluye establecer directrices claras sobre el uso ético de la IA y disponer de sólidos sistemas de auditoría para supervisar las actividades de IA dentro de los organismos públicos. Atendiendo a estas necesidades, los gobiernos pueden aprovechar las ventajas de la IA manteniendo la confianza del público.

Para ilustrar el éxito de la implantación de la IA en las operaciones gubernamentales, consideremos los casos prácticos de Singapur y Estonia. Singapur, conocido por su eficiencia, ha integrado la IA en varias facetas del servicio público, desde la asistencia sanitaria predictiva a la vigilancia medioambiental. Los sistemas impulsados por IA de Singapur analizan los datos sanitarios de la población para predecir brotes de enfermedades como el dengue, lo que permite actuar de forma preventiva. En Estonia, la IA se utiliza para agilizar los servicios públicos a través de la iniciativa e-Estonia, en la que la IA ayuda a procesar las solicitudes de servicios públicos, desde la declaración de la renta hasta el voto, haciendo que los servicios públicos sean más accesibles a todos los ciudadanos. Estos ejemplos no sólo ponen de relieve los éxitos, sino también las lecciones aprendidas, como la importancia de la participación pública y la evaluación continua de los sistemas de IA para garantizar que siguen estando en consonancia con las necesidades y los valores públicos.

En el ámbito de la gobernanza, la IA representa una poderosa herramienta para mejorar la prestación de servicios públicos, informar la elaboración de políticas, garantizar la transparencia y la rendición de cuentas y, en última instancia, mejorar la calidad de vida de los ciudadanos. Mientras los gobiernos de todo el mundo siguen explorando el potencial de la IA, las experiencias de los pioneros en la gobernanza de la IA proporcionan valiosas ideas y orientaciones. Aprendiendo de estos ejemplos, otras naciones pueden aplicar estrategias de IA que no sólo optimicen los servicios públicos, sino que también fomenten una ciudadanía más informada, comprometida y satisfecha.

8.6 LA RED SOCIAL DE LA IA: CREAR COMUNIDADES Y COMPARTIR CONOCIMIENTOS

En un mundo en el que la Inteligencia Artificial (IA) remodela continuamente los paisajes de diversos sectores, su influencia en la creación de comunidades y en la educación marca un paso importante hacia una sociedad más conectada e informada. A medida que la IA penetra más profundamente en nuestras vidas, fomenta la creación de comunidades vibrantes tanto online como offline. Estas comunidades abarcan desde foros en línea y grupos de medios sociales hasta redes profesionales y grupos de intereses especiales, cada uno de los cuales sirve de centro donde se comparten ideas, recursos y experiencias entre entusiastas y profesionales de la IA. Imagina una plaza digital donde los principiantes puedan aprender de los expertos, y los innovadores puedan encontrar colaboradores para dar vida a proyectos visionarios de IA.

Estas comunidades de IA desempeñan un papel crucial en el aprendizaje colaborativo. En estos entornos dinámicos, los miembros comparten sus últimos descubrimientos, debaten sobre las tecnologías de IA emergentes y abordan juntos problemas complejos. Este enfoque colaborativo no sólo acelera el aprendizaje individual, sino que también impulsa el avance colectivo del conocimiento de la IA. Por ejemplo, plataformas como GitHub y Kaggle ofrecen espacios donde las personas pueden contribuir a proyectos de IA de código abierto o participar en competiciones de IA. Estas actividades no tratan sólo de resolver problemas, sino de aprender de los enfoques y soluciones de los demás, lo que puede ser más esclarecedor que trabajar de forma aislada. Además, las reuniones y conferencias sobre IA, como NeurIPS y AI Expo, ofrecen lugares físicos para compartir ideas y fomentar la colaboración, mejorando la experiencia colectiva de la comunidad.

El impacto de la IA se extiende significativamente al ámbito de la educación, transformando los paradigmas tradicionales de aprendizaje mediante plataformas de aprendizaje personalizado y herramientas educativas impulsadas por la IA. Estas plataformas utilizan la IA para adaptarse a los estilos y ritmos de aprendizaje individuales, proporcionando experiencias educativas personalizadas que maximizan el compromiso de los estudiantes y los resultados del aprendizaje. Por ejemplo, las plataformas educativas impulsadas por IA, como Coursera o Khan Academy, utilizan algoritmos para sugerir cursos, ajustar la dificultad de los contenidos y proporcionar comentarios personalizados basados en el rendimiento individual. Esta personalización hace que el aprendizaje sea más accesible y eficaz, atendiendo a las diversas necesidades y procedencias educativas y permitiendo un entorno educativo más inclusivo.

Además, nunca se insistirá lo suficiente en la importancia de crear redes de IA inclusivas. La inclusividad en las comunidades de IA garantiza la diversidad de perspectivas, que es fundamental para desarrollar y aplicar las tecnologías de IA. Los equipos diversos tienen más probabilidades de identificar y abordar posibles sesgos en los algoritmos de IA, lo que conduce a soluciones de IA más equitativas y eficaces. Iniciativas como AI4ALL y Women in Machine Learning son ejemplares, ya que se centran en aumentar la diversidad en la IA proporcionando educación y tutoría a los grupos infrarrepresentados. Estos esfuerzos ayudan a democratizar la IA, garantizando que sus beneficios se distribuyan ampliamente y que su desarrollo refleje un amplio espectro de experiencias y necesidades humanas.

En conclusión, a medida que la IA sigue evolucionando e integrándose en diversos aspectos de nuestras vidas, el papel de las comunidades de IA en el fomento del aprendizaje colaborativo, la mejora de la educación y la promoción de la inclusión adquiere cada vez más importancia. Al participar en estas comunidades, las personas no sólo contribuyen al avance de la IA, sino que también adquieren conocimientos y conexiones inestimables que pueden impulsar su crecimiento personal y profesional. Al pasar página, exploraremos las dimensiones éticas y las implicaciones sociales de la IA, comprendiendo cómo navegar por los retos y las oportunidades que presenta. Esta conversación continua nos dotará de los conocimientos necesarios para aprovechar la IA de forma responsable e innovadora, garantizando que sirva al bien común.

MANTENER VIVO EL JUEGO

Ahora que tienes todo lo que necesitas para comprender y utilizar la IA para hacer tu vida más fácil, es hora de transmitir tus nuevos conocimientos y mostrar a otros lectores dónde pueden encontrar la misma ayuda.

Simplemente dejando tu opinión sincera sobre este libro en Amazon, mostrarás a otros estudiantes dónde pueden encontrar la información que buscan, y transmitirás su pasión por la IA y el aprendizaje automático.

Gracias por tu ayuda. La comprensión de la IA se mantiene viva cuando transmitimos nuestros conocimientos, y tú me estás ayudando a hacerlo.

CONCLUSIÓN

Al llegar a las últimas páginas de nuestra exploración del amplio mundo de la Inteligencia Artificial, es esencial reflexionar sobre el viaje transformador en el que nos hemos embarcado juntos. Desde la sanidad, que mejora los resultados de los pacientes mediante el análisis predictivo, hasta el comercio minorista, que mejora las experiencias de los clientes con compras personalizadas, el papel de la IA en diversos sectores como las finanzas, la agricultura, la domótica y la educación ha sido poco menos que revolucionario. En las artes creativas, la IA ha abierto nuevas vías de expresión e innovación, subrayando su doble naturaleza como herramienta de mejora humana y como fuerza transformadora que reconfigura las industrias.

Nuestro viaje comenzó desentrañando los conceptos básicos de la IA y el aprendizaje automático, sentando una base sólida que nos permitió apreciar las notables capacidades de la IA y sus aplicaciones prácticas. A medida que profundizábamos, exploramos los avances tecnológicos y las consideraciones éticas cruciales para el despliegue responsable de la IA. Cuestiones como la privacidad de los datos, el sesgo algorítmico y las repercusiones sociales de la automatización han puesto de relieve la responsabilidad colectiva que compartimos -desarrolladores, usuarios y responsables políticos por igual- para afrontar estos retos con previsión e integridad.

El campo de la IA está en constante evolución, y no se puede exagerar la importancia del aprendizaje continuo. Te animo a ti, lector, a que sigas siendo curioso y proactivo a la hora de relacionarte con la IA. Ya sea manteniéndote al día de las últimas investigaciones, participando en foros en línea o matriculándote en cursos, cada paso que des aumentará tus conocimientos y habilidades en este dinámico campo.

Ahora, te invito a que no seas un mero espectador, sino un participante activo en la revolución de la IA. Explora cómo las tecnologías de IA pueden mejorar tu carrera, enriquecer tus aficiones y simplificar tus rutinas diarias. Empieza con pequeños proyectos, quizás construyendo un sencillo chatbot o experimentando con la IA en fotografía, y amplía gradualmente tus horizontes a medida que ganes confianza y experiencia.

Además, mientras aprovechamos el poder de la IA para el avance personal, consideremos también nuestras responsabilidades sociales más amplias. El potencial de la IA para abordar retos mundiales acuciantes como el cambio climático, las disparidades sanitarias y las necesidades educativas es inmenso. Al contribuir al desarrollo de una IA ética, integradora y socialmente beneficiosa, podemos ayudar a dirigir el futuro hacia un camino más equitativo y sostenible.

Mirando hacia delante, el futuro de la IA ofrece un panorama de oportunidades en el que la inteligencia humana se ve aumentada por homólogos artificiales, lo que conduce a niveles sin precedentes de innovación y capacidad para resolver problemas. Este futuro no depende únicamente de las proezas tecnológicas que pueda lograr la IA, sino también de las decisiones que tomemos como sociedad para utilizar esta tecnología con sensatez y compasión.

Te animo a que compartas tu viaje por la IA con los demás. Tanto si se trata de un proyecto que has completado, de un conocimiento que has adquirido o simplemente de cómo la IA ha influido en tu vida, tus historias pueden inspirar y educar, fomentando una comunidad de estudiantes que crecen juntos.

Para terminar, recuerda que la historia de la IA aún se está escribiendo, y que cada uno de nosotros tiene un papel que desempeñar en su narración. El futuro no es sólo algo en lo que entramos; es algo que creamos. Construyámoslo con visión, creatividad y cuidado, asegurándonos de que la IA mejore no sólo nuestras capacidades, sino también nuestra humanidad.

Gracias por acompañarme en este esclarecedor viaje por el mundo de la Inteligencia Artificial. Sigamos explorando, aprendiendo y dando forma a un futuro en el que la IA y los humanos evolucionen juntos, creando una sinergia que nos impulse hacia un mañana más brillante e inclusivo.

REFERENCES

¿Qué es la tecnología de IA? https://www.dummies.com/article/technology/information-technology/ai/general-ai/4-ways-define-artificial-intelligence-ai-254174/

Historia de la Inteligencia Artificial: Cronología completa de la IA https://www.techtarget.com/searchenterpriseai/tip/The-history-of-artificial-intelligence-Complete-AI-timeline

Cinco tipos de aprendizaje automático que debes conocer https://www.ibm.com/blog/machine-learning-types/

20 Aplicaciones del Aprendizaje Profundo en 2024 en todas las industrias https://www.mygreatlearning.com/blog/deep-learning-applications/

La IA en la sanidad, hacia dónde va en 2023: ML, NLP y más https://healthtechmagazine.net/article/2022/12/ai-healthcare-2023-ml-nlp-more-perfcon

El impacto de las tecnologías de IA en el comercio minorista - V-Count https://v-count.com/the-impact-of-ai-technologies-on-retail-examining-benefits-and-transformations-in-shopping/

La IA en la gestión de las finanzas personales: Una nueva era de planificación inteligente https://www.fanews.co.za/article/technology/41/general/1204/ai-in-personal-finance-management-a-new-era-of-smart-planning/38751

Cómo la IA en la tecnología doméstica inteligente puede automatizar tu vida https://www.zdnet.com/article/how-ai-in-smart-home-tech-can-automate-your-life/

Tutorial de Dialogflow para principiantes (2024) https://chatimize.com/dialogflow-tutorial/

El auge del aprendizaje automático en la predicción meteorológica https://www.ecmwf.int/en/about/media-centre/science-blog/2023/rise-machine-learning-weather-forecasting

Las 8 mejores herramientas de IA para el diseño UX (y cómo utilizarlas) https://www.uxdesigninstitute.com/blog/the-top-8-ai-tools-for-ux/

6 asombrosos proyectos de IA de Raspberry Pi https://www.makeuseof.com/raspberry-pi-artificial-intelligence-projects/

Guía práctica para construir una IA ética https://hbr.org/2020/10/a-practical-guide-to-building-ethical-ai

Reciente conflicto creciente entre la IA y la privacidad de los datos https://www.haynesboone.com/news/publications/recent-cases-highlight-growing-conflict-between-ai-and-data-privacy

Cómo reducir el sesgo en el aprendizaje automático - TechTarget https://www.techtarget.com/searchenterpriseai/feature/6-ways-to-reduce-different-types-of-bias-in-machine-learning

La IA transformará la economía mundial. Asegurémonos de que beneficia a la humanidad https://www.imf.org/en/Blogs/Articles/2024/01/14/ai-will-transform-the-global-economy-lets-make-sure-it-benefits-humanity

Las 27 mejores competencias en IA para conseguir un empleo en 2024 https://www.analyticsvidhya.com/blog/2023/08/ai-skills/

Las mejores herramientas de productividad con IA en 2024 https://zapier.com/blog/best-ai-productivity-tools/

Capacitar a las pequeñas empresas: El impacto de la IA en la igualdad de condiciones https://www.orionpolicy.org/orionforum/256/empowering-small-businesses-the-impact-of-ai-on-leveling-the-playing-field#:~:text=In%20fact%2C%20a%20survey%20of,under%20challenging%20conditions%20(69%25).

Conferencia de la Comunidad de IA - NYC 2024 https://www.communitydays.org/event/2024-06-21/ai-community-conference-nyc-2024

Las 10 mejores herramientas de BI y Visualización de Datos basadas en IA https://redresscompliance.com/top-10-ai-based-bi-and-data-visualization-tools/

¿Merece la pena "IA Generativa para Todos" en Coursera? Reseña ... https://medium.com/javarevisited/is-generative-ai-for-everyone-on-coursera-worth-it-review-dbc72b9926d0

La IA en el aprendizaje entre iguales y la tutoría - Hiperespacio https://hyperspace.mv/ai-peer-learning/

7 sitios web muy informativos para estar al día de las últimas noticias y tendencias sobre IA https://www.jeffbullas.com/ai-news/

El estado de la IA en 2023: El año de la irrupción de la IA Generativa https://www.mckinsey.com/capabilities/quantumblack/our-insights/the-state-of-ai-in-2023-generative-ais-breakout-year

Vehículos Autónomos: Evolution of Artificial Intelligence and ... https://www.mdpi.com/2504-2289/8/4/42#:~:text=The%20integration%20of%20AI%20algo rithms,autonomous%20vehicles%20to%20navigate%2C%20per-ceive%2C%20and%20adapt%20to%20dynamic%20environments%2C%20making %20them%20safer%20and%20more%20efficient.%20Continuous%20advance-ments%20in%20AI%20technologies%20are%20expected%20to%20furt her%20enhance%20the%20capabilities%20and%20safety%20of%20au-tonomous%20vehicles%20in%20the%20future.

Se espera que la IA en la agricultura de precisión aumente el rendimiento de los cultivos en un 30% y reduzca el uso del agua en un 25%, lo que tendrá un impacto significativo en la economía agrícola. Se espera que el mercado mundial de la IA en la agricultura alcance los 4.000 millones de dólares en 2026, lo que refleja el creciente impacto económico de la IA en este sector. https://camoinassociates.com/resources/ai-in-action-part-1/

La IA y el futuro de la exploración espacial https://hackernoon.com/ai-and-the-future-of-space-exploration

Abrazar la creatividad: Cómo la IA puede mejorar el proceso creativo https://www.sps.nyu.edu/homepage/emerging-technologies-collaborative/blog/2023/embracing-creativity-how-ai-can-enhance-the-creative-process.html

El papel de la IA en la superación de las barreras de comunicación intercultural en los

negocios globales https://klizosolutions.medium.com/the-role-of-ai-in-overcom
ing-cross-cultural-communication-barriers-in-global-business-adbde45d3ac0

El auge de las ciudades inteligentes impulsadas por la IA | S&P Global https://www.
spglobal.com/en/research-insights/special-reports/ai-smart-cities

Ética de la Inteligencia Artificial https://www.unesco.org/en/artificial-intelligence/
recommendation-ethics